所有教師都應該知道的事
特殊學生

What Every Teacher Should Know About
Special Learners

Donna Walker Tileston 著

賴麗珍 譯

DONNA WALKER TILESTON

What Every Teacher
Should Know About

Special Learners

目 錄

Contents

作者簡介　Donna Walker Tileston

　　Donna Walker Tileston博士是一位擁有27年豐富經驗的教師，也是一家在全美國與加拿大為學校提供服務的策略性教學與學習（Strategic Teaching and Learning）諮詢公司的總裁。她著作等身，主要著作包括：《與眾不同的教學策略——面對障礙》（*Strategies for Teaching Differently: On the Block or Not*）（Corwin Press, 1998）、《突破障礙的革新策略》（*Innovative Strategies of the Block Schedule*）（Bureau of Education and Research [BER], 1999），以及從一出版就名列Corwin暢銷排行榜的《十個最佳的教學策略——大腦研究、學習型態與標準如何界定教學能力》（*Ten Best Teaching Practices: How Brain Research, Learning Styles, and Standards Define Teaching Competencies*）（Corwin Press, 2000）。

　　Tileston博士在北德州大學（University of North Texas）獲得學士學位，在東德州州立大學（East Texas State University）獲得碩士學位，在德州A & M商業大學（Texas A & M University-Commerce）獲得教育博士學位。讀者可以在www.strategicteachinglearning.com網站，或者透過dwtileston@yahoo.com信箱以e-mail跟她取得聯繫。

譯者簡介 　賴麗珍

　　美國威斯康辛大學麥迪遜校區教育博士，主修成人暨繼續教育，曾任職於台北市教育局、台灣師範大學圖書館（組員）及輔仁大學師資培育中心（副教授）。研究興趣為學習與教學、教師發展及創造力應用。譯有《教師評鑑方法》、《有效的班級經營》、《教學生做摘要》、《班級經營實用手冊》、《增進學生的學習動機》、《創意思考教學的 100 個點子》、《思考技能教學的 100 個點子》、《重理解的課程設計》、《善用重理解的課程設計法》、《重理解的課程設計——專業發展實用手冊》、《教師素質指標》、《激勵學習的學校》、《教養自閉症兒童》、《你就是論文寫手》等等（心理出版）。

序言

全學校教育改革的目標是：

● 訂定具有挑戰性的學習標準。

● 針對教學需求最大的學生，提供足以改變他們一生的教育資源。

● 聚焦在教與學，結合所有環節以幫助每個學生達到學習標準。

● 建立家庭、社區及學校之間的夥伴關係，以支持學生達到高標
　準。

● 賦予行政上的彈性促進學校本位創新化，並課以學生學業表現
　的績效責任。

——美國教育部，1997 年 9 月

這些改革展現了我對公立學校的深沉信念，以及對於學校旨在培
養各地不同背景孩童之心智與品格的信心。

——小布希總統談《有教無類法》

任何研究教育史的人都知道，只要有教育問題，就必然跟著教育
改革。身為教育者，我們不斷尋求對教育方法及結果（學生）的改進
之道。除非每個學生都能成功，否則我們不會滿意。

筆者擔任學校行政人員時，學校所訂的學習精熟度目標從未低於
100%。設定任何低於 100% 精熟度的目標會有問題，因為它預設學生
的學習將會失敗，而即使設定 85% 的精熟度，也表示這預設有 15%
的學生不會成功。因此問題變成：「那 15% 的學生是哪些人——是
我的孩子嗎？還是你的？」就如同某前任學校行政人員曾對我說的：

「被犧牲者很少，除非你是其中之一。」

在整本書中，你會找到使學生在課堂上更成功的點子。所有這些提供的教學策略都有紮實的研究基礎，也有對學生的生活造成影響的力量。

關於使學生對測驗做好準備，我們能做的最重要事情之一就是教導測驗所包含的字彙。以下表 1 所提供的字彙，會在整本書中被檢視。請細看哪些字詞是你熟悉的、哪些是你不熟悉的。在中間的空欄寫下你自己的字詞定義，然後在閱讀本書的過程中調整你的想法。

筆者也提供了一份字彙前測，這些字詞是本書用到的字彙。書末則有字彙摘要，包含了各術語及其定義。而在閱讀完本書之後，你會得到從字彙測驗展現個人知識的第二次機會。

表1　特殊學生字彙表

字彙	你的定義	你修正後的定義
成就測驗（Achievement test）		
評量（Assessment）		
高風險（At-risk）		
聽覺障礙（Auditory impairment）		
自閉症（Autism）		
整套測驗（Battery of tests）		
布魯姆的分類（Bloom's taxonomy）		
同意書（Consent）		
課程內容（Content）		
大量創意思考（Creative and productive thinking）		
標準（Criteria）		
累積紀錄（Cumulative record）		
課程壓縮（Curriculum compacting）		
盲聾雙重障礙（Deaf/blind）		
因材施教（Differentiation）		
應有程序（Due process）		
幼兒期（Early childhood）		
情緒障礙（Emotional disturbance; ED）		
資優教育（Gifted education）		
監護人（Guardian）		
在家教育計畫（Homebound program）		

（續）

字彙	你的定義	你修正後的定義
融合（Inclusion）		
個別教育計畫（Individual Education Plan, IEP）		
個別教育計畫委員會〔Individual Education Plan（IEP）Committee〕		
智力商數（Intelligence quotient, IQ）		
學習障礙（Learning disability, LD）		
限制最少的環境（Least restrictive environment, LRE）		
回歸主流（Mainstream）		
心智年齡（Mental age）		
智能障礙（Mental retardation, MR）		
模式（modality）		
多重障礙（Mutiple disability）		
職業治療（Occupational therapy, OT）		
肢體障礙（Orthopedic impairment）		
物理治療（Physical therapy, PT）		
過程（Process）		
結果（Product）		

（續）

字彙	你的定義	你修正後的定義
第 94-142 號公共法 （Public Law 94-142）		
增強（Reinforcement）		
相關的服務（Related service）		
自足式班級（Self-contained classroom）		
特殊教育（Special education）		
語言治療 （Speech and language therapy）		
語言障礙（Speech impairment）		
代理父母（Surrogate parent）		
腦傷 （Traumatic brain injury）		
視覺障礙（Visual impairment）		

譯者序

　　本書內容簡要介紹中小學校教師會接觸到的特殊學生類別及特徵，進而說明「因材施教」理念下教導高風險特殊學生的一般教學原則，以及聯邦政府的特殊教育相關法規，最後則以資優學生為例，具體說明在課程內容、學習過程、學習結果（即教學設計、教學實施、學習評量）等方面如何做到因材施教。

　　臺灣的特殊學生分類和美國的分類大同小異，而且也是採取「回歸主流」的教育政策，但兩國特殊教育的最大差別則是：美國各級政府的相關法規比臺灣完備，尤其是強調個別教育計畫（IEP）的有效實施。因此，讀者除了從本書了解美國中小學校的特殊學生類別及其因材施教原則之外，更能深入認識重要的特殊教育法規如何落實於學校教育的情境中。

　　本書旨在提供教師關於特殊學生方面的基本專業知識，就此目的而言，全書簡潔扼要的內容的確有利讀者快速補充專業知識，而臺灣的教師在閱讀之後也不妨進一步思考如何改善一般學校裡的特殊學生教學。

賴麗珍

字 彙 前 測

說明：閱讀完題目後請選出答案，正確答案可能不只一個。

1. Martin Phillips 是 ABC 中學的新教師。他最近在教師休息室聽到某位教師提到自己正在參加某個 LD 學生的 IEP 會議。他很快地退出休息室，然後找出自己在特殊學生方面的書以查閱這些術語。下列何者是他可能查到的詞彙定義？

   A. IEP 會議是一種判定學生社會經濟地位的會議

   B. IEP 會議是一種為受特殊教育之學生決定最佳教育方法的會議

   C. IEP 會議通常會達成某個 IEP

   D. 只有特教教師才會參加 IEP 會議

2. 當 Martin Phillips 在閱讀時，他發現下列正確的資訊是：

   A. LD 學生和《中小學教育法》第一章（Title I）法條所涵蓋的學生並無差別

   B. LD 學生受到《第 94-142 號公共法》的保障

   C. LD 學生需要診斷式和處方式的回饋

   D. LD 學生通常也有 ADD（注意力不足症）

3. 被認定為資優的學生……

   A. 通常不需要輔導就有良好表現

   B. 可以接受壓縮的課程

   C. 可以給予額外的學習

   D. 需要和他人共同學習的機會

4. 被認定為 LD 的學生……

   A. 其 IQ 和學業成就相當

B. IQ 在平均值以上

C. 基本能力有問題

D. IQ 分數低

5. 《第 94-142 號公共法》⋯⋯

A. 是為了資優學生而訂定

B. 是為了身心障礙的學生而訂定

C. 確保對特殊學生的照顧

D. 確保對資優學生的分隔教育計畫

6. 為了特殊教育的安置，沒有父母的孤兒會被指派⋯⋯

A. 監護人

B. 代表他們的特殊教育者

C. 代理父母

D. 代表他們的校長或教師

7. Felipe 是接受特殊教育的中學生，他的所有班級教師已經收到為他設計的 IEP 計畫。在最小程度上，Felipe 可以有哪些期望？

A. 他的父母在 IEP 計畫交給教師之前即簽署同意

B. 教導他的所有教師都會參與 IEP

C. 教導他的所有教師都會嚴格遵守計畫準則

D. 每隔三年他的教育目標都會被檢討一遍

8. Martina 只會說簡單的英語，並且正在參與某個幫助她在校成功學習的計畫。我們可以指望該計畫為 Martina 做哪些事情？

A. 她接受 LPAC 的幫助

B. 她參與 LEP 計畫

C. 她接受特殊教育

D. 學校的所有師長都受過教導 Martina 的訓練

9. 視覺障礙的界定是……

   A. 矯正後的視力值是 20/60

   B. 矯正後的視力值是 20/80

   C. 矯正後的視力值是 20/100

   D. 矯正後的視力值是 20/200

10. 課堂中因材施教的達成是透過……

    A. 課程內容

    B. 教學過程

    C. 壓縮課程

    D. 教學結果

11. 下列哪些標準被用來認定高風險的學生？

    A. 他們是英語的學習者

    B. 他們的社會經濟地位低落

    C. 他們之前有過基本能力落後的經驗

    D. 族群身分

12. ADD 學生有下列哪些典型的特徵？

    A. 愛現

    B. 退縮

    C. 霸道

    D. 不專心

13. ADHD 學生有下列哪些典型的特徵？

    A. 霸道

    B. 愛現

    C. 沒朋友

    D. 退縮

14. 最常在學校中發現的教學模式是……

　　A. 多元模式

　　B. 聽覺的

　　C. 視覺的

　　D. 動覺的

15. 第二外語的教學對象包括……

　　A. ELL 學生

　　B. ESL 學生

　　C. LEP 學生

　　D. 偶爾註冊上課的學生

16. IDEA 是………

　　A. 資優生的課程

　　B. 課後輔導的課程

　　C. 聯邦政府的法令

　　D. LEP 學生的課程

17. IEP 是……

　　A. 課後輔導的課程

　　B. 因材施教的課程

　　C. 資優學生的課程

　　D. 為《復健法》第 504 節所包含學生提供的課程

18. 《復健法》第 504 節……

　　A. 為特教學生提供服務

　　B. 為資優學生提供服務

　　C. 為特殊教育範疇以外的學生提供服務

　　D. 為所有學生提供服務

19. ADHD 之類特殊障礙的定義源自……

    A.《中小學教育法》第一章

    B. 適性體育（APE）

    C.《心理疾病診斷手冊》（第四版）（DSM - IV）

    D.《家庭教育及隱私法》（FERPA）

20. 《有教無類法》不同於之前的法令，因為它要求……

    A. 經費使用有更大的彈性

    B. 教學技術有強力的研究基礎

    C. 更多的績效責任

    D. 父母有更多的選擇

1

因材施教和大腦

　　因材施教乃運用時間、計畫，以及教學策略來達到各類學習者的不同需要。Tomlinson（1999）指出：「在因材施教的課堂中，教師依照學生的程度來教學，而不是從課程綱要的開頭教起。」班級教師每天都有分化課程的任務，以利滿足所有學習者的需要。包括高風險的學生、特殊教育學生，以及資優學生在內的特殊群體，如果要讓他們成功學習的話，全都需要因材施教。

　　我們在本章及後面幾章所討論的某些特殊群體，包括了下列學生：

- 被認定需要接受學業資優教育的計畫。
- 被認定有注意力不足症（Attention Deficiency Disorder, ADD）或注意力不足過動症（ADHD）。
- 被認定屬於特殊教育準則所涵蓋的學生。
- 被認定為高風險的學生，包括英語學習者、第二語學習者、接受補償教育者，以及《復健法》第 504 節（Section 504 of the Rehabilitation Act）和《中小學教育法》（Elementary and Sec-

ondary Education Act, ESEA)「第一章」(Title 1)(譯註：以下有時分別簡稱「第 504 節」、「第一章」)等準則所列的學生。

- 被認定需要接受情緒及行為輔導的學生。

 ## 大腦的作用

　　為了解這些學生的需要，以及班級教師如何針對學生的差異調整課程和因材施教，我們有必要觀察大腦在大多數情況下如何學習、處理和提取資訊。根據 Sprenger（2002）的看法，我們把那些能快速有效吸收及處理資訊，然後在需要時也能快速提取的學生，認定是「聰明的」學生。資優學生傾向於更快速有效地處理資訊，因此他們需要調整過的課程及教學，以利接受足夠的挑戰而發揮潛能。有學習或行為問題的學生則可能無法輕易執行一項以上的上述功能（吸收、處理和提取資訊）。

輸入的資訊

　　據說，聰明的人是能快速儲存和提取資訊的人；低成就者是能快速處理資訊但提取速度慢的人；急於有成就者則是處理資訊速度慢卻提取快的人。那麼，我們如何幫助學生以更快速有效的方式處理資訊，以利他們在需要運用資訊時能快速提取？

　　學習率是指吸收資訊所花費的時間量。讓我們利用圖 1.1 來檢視大腦如何吸收資訊、如何決定保留及排除哪些資訊，以及如何從長期記憶來提取資訊。

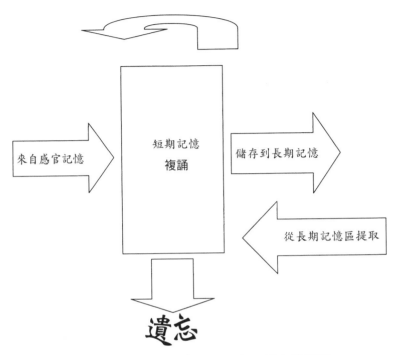

圖 1.1　從感官記憶到提取的學習過程摘要圖

　　大多數的大腦研究者指出，我們習得的資訊有 99% 是透過感官
——視覺、聽覺、嗅覺、觸覺。這意謂著，在促使大腦處理資訊方
面，教室環境很重要，教師教導學生的方法也很重要。對於有學習困
難的學生，教室環境對他們的學習過程而言是很關鍵的部分。我們如
何幫助這些學生以更大效率來運用感官吸收資訊，然後把資訊送到大
腦的處理中心？

應用不同的學習模式

　　研究者已找出三種最常被學生用來吸收資訊的學習模式。大多數

人比其他人更偏好這些模式中的一種，而如果教學上採用我們所偏好的模式，我們就能更快速有效地吸收資訊。事實上有人認為，對有學習困難的學生，除非以其最佳學習模式來教導，否則他們將無法成功學習。以下是這三種模式及其特徵的探討（取自 Tileston, 2000）。

視覺型學習者。視覺型學習者占班級人數的大多數；也許在任何班級中有多達 87% 的學生是視覺型學習者。這些學生需要「看到」學習，因為對他們而言，只記憶數學公式是不夠的，他們需要知道數學如何演算，也需要在視覺上看到過程。只要把視覺的工具加到學習中，許多高風險的學生都可以進步到更高的理解程度。語言的和非語言的工具都是教導這些學習者的關鍵。

視覺型學生的特徵如下：

- 很難記住人名但卻記得關於某個人的細節。
- 有視覺的工具來促進說明學習內容時，他們的學習最有效。
- 寧可閱讀故事而不要他人為他們講述故事。
- 透過書寫來組織想法。
- 很難記住別人告知的指示。
- 面部表情往往透露他們的情緒。
- 喜歡拼圖。

身為教師，我們可以透過視覺模式的應用來幫助這些學生更成功學習。視覺模式通常是語言的（例如以字詞傳達資訊）或非語言的（例如應用結構、符號或少量字詞來傳達資訊），表 1.1 是一則語言式組體（linguistic organizer；譯註：原書有誤）的舉例，它能幫助學生組織筆記上的資訊。

表 1.1　語言式組體

數學原理	舉例	幫助記憶的提示

　　有學習困難的學生其組織能力通常不夠好，因此需要結構化的資訊來幫助他們學習。對這些學生而言，班級教師設定結構幫助他們組織學習內容是很重要的。表 1.1 的結構設定是針對做數學筆記，以利學生能理解不同的數學概念和公式，以及如何運用它們。就語文課而言，也可以包含針對詞彙或部分講述內容而做的圖解。就科學課而言，如何解讀週期表可以採用圖解形式呈現。

　　圖 1.2 是非語言式組體的舉例。這類組體藉助結構及少數字詞來幫助學生學習。

　　大腦喜好結構。事實上，大腦建構新學習的方式是透過將其連結到舊的學習或經驗。把資訊組織成結構，我們就能幫助所有學習者理解資訊，尤其是高風險的學生。在中部區域教育實驗室（Mid-continent Regional Educational Laboratory）所做的研究及 Marzano（1998）的著作中，使用圖解模式幫助學生學習的效應值（effect size）達到統計上的顯著。這意謂著，如果運用得宜，成績表現在第 50 百分位數的學生在接受包含圖解模式的教學之後，可以達到 39 個百分點的進步。換言之，透過視覺型模式的適當應用，在第 50 百分位數的學生可以進步到第 89 百分位數。雖然這個結果出自接受一般教育的學生，但是美國教育部（Department of Education, 2002）所贊助研究的結論認為，使一般學生之學習顯著進步的策略，很可能會使所有學生都顯著

圖 1.2　非語言式組體

進步。

對有視覺感知困難或學習經驗不佳的學生而言，視覺工具只有在透過教師或他人的詳細討論之後才有幫助。Guenther（1998）指出，吾人所見實際上並非現實世界的直接呈現，而是大腦根據過去經驗和知覺所做出的推斷。Given（2002）提出以下舉例來說明：

　　不同的兩個學生對於顯示各種腦葉的海報，以及對於教師宣布科學課的下個專題單元將會聚焦在神經系統，會有相當不同的

反應。其中一個閱讀能力低落且科學課成績不佳的學生，對於突顯其弱點的海報只能理解部分內容。他會立刻認為自己的能力不適合該學習任務、無法看出這個專題的任何正面部分，而且情緒的反應是擔心。相對地，背景知識比較豐富的另一個學生，可以理解許多細節，並且期待該專題會是令人興奮的嶄新學習機會。

聽覺型學習者。 聽覺型學習者是班級中人數最少的。許多資深教師都是聽覺型學習者，而且過去的課堂學習方式都依賴講述和討論。今天只有少數學生如此學習，這點說明了為何許多學生不適應傳遞資訊方式只重講述的課堂教學。發現到這些課堂裡成功學習的學生只占少數百分比，不是稀奇的事，而通常他們都是聽覺型的，並且善於適應這種隨時都採用的教學模式，但大多數高風險的學生並不適應這種課堂教學型態。

聽覺型學生的特徵如下：

- 對姓名的記憶優於臉孔。
- 除非參與討論，否則會忘記閱讀的內容。
- 寧可參與某個主題的小組討論而不要閱讀。
- 容易被聲音所吸引。
- 善於說故事。

對這些學生而言，聆聽學習內容很重要，因為在聽到字詞並且自己複述之前，資訊是沒有意義的。同儕一對一教學、討論，以及講課對這些學生都是有用的方法。

依據 Given（2002）的研究：「有聽覺處理障礙的兒童可能聽力正常，但卻很離區辨 /b/、/d/、/g/、/p/、/t/ 或 /v/、/f/ 之類的發音。」這可能是出生後到三歲之間耳部不斷發炎感染的結果。Given 指出，

這些兒童必須在語音感知（phonemic awareness）方面盡早接受訓練，「其時間應早於單一的集叢神經網絡固定下來，使相似的發音聽成相同的音。兒童必須知道，要理解所聽到話語的正確意義，仔細區辨發音是必要的。」她建議利用學前教育的字母書和玩「猜名稱」（我看到你沒看到的東西，它的開頭是個「B」）的遊戲等方法，來幫助這些學生區分發音。

動覺型學習者。動覺型學習者是需要動作及觸覺學習方法的學生。如果能碰觸資訊，他們的學習效果最佳，因此對這些學習者而言，模型和可操作物是最有用的工具。許多 ADD 和 ADHD 的學生是這類學習者。透過提供這些學生活動及體驗學習過程的機會，班級教師可以協助這些學習者理解學習內容。

動覺型學習者的某些特徵包括下列。

- 他們對所做事情的記憶優於觀察或討論。
- 在面對困難時，他們經常選擇包含最佳活動的解決方案。
- 他們寧可參加活動而不要在旁觀看。
- 他們的肢體語言是情緒的有效指標。
- 他們喜歡組建模型。
- 他們喜歡模擬活動、演戲及其他活動。
- 他們需要活動，不然可能會破壞紀律。

資訊一旦透過感官進入大腦之後，有 98% 會被大腦視為無關而忽略。但是，教師可以採取一些行動來幫助大腦做出有用的選擇。

 處理資訊

在考試那天，學生常常會進到教室說：「快點！在我忘掉記得的資訊之前快點給我考試。」這些學生並不了解教材；他們只是反覆複

誦（大約每 15 秒鐘），以利資訊維持在工作記憶區中的時間長到足以寫在考卷上。若下週再問他們相同的問題，他們會不記得背過的資訊。一旦資訊進到工作記憶區（有時稱為短期記憶），大腦大約有 15 秒鐘的時間去決定要處理這些資訊或者忽略之：而大約 98% 的資訊會被忽略掉。

　　之後，我們如何把資訊移往長期記憶區？使資訊進入長期記憶區的關鍵是複誦（見圖 1.3）。

　　複誦是指資訊透過感官被導入工作記憶區之後，我們對資訊所做的事。複誦發揮兩項功能：把資訊維持在短期記憶區，以及透過此機制把資訊轉換到長期記憶區。分配給複誦的時間和複誦的方式都很重要，複誦可以是填鴨式的或精緻的。

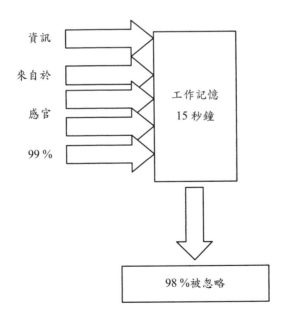

圖 1.3　從輸入到忽略的記憶路徑

填鴨式複誦就是，在資訊進入短期記憶時，以相同方式囫圇吞棗地不斷重述之。當學習者需要原封不動地記憶及儲存進入工作記憶區的資訊時，就會用到填鴨式複誦。教材係以填鴨方式學習的例子包括：數學事實資訊、拼讀和各州首都。

精緻型複誦涉及到把資訊精緻化或加以整合，如此會賦予資訊某種意義。在精緻型複誦方面，學習者會針對資訊做一些事情。如果不需要像剛習得時一樣地儲存資訊，但更重要的是把新學習連接到舊學習以發現其關係時，就會用到精緻型複誦。教材係以精緻型複誦學習的例子包括：問題解決方法、有背景脈絡的字彙，以及閱讀內容的理解。

請想想你的班級：你要學生對新資訊做些什麼？我們無法為學生創造資訊的意義，但可以透過有效的教學策略促進該過程。大多數研究者都同意，產生意義有三種基本方式：

- **透過相關性**——Jensen（1997）指出：「學習若要視為相關，必須連結到學習者已知的知識。這些學習必須活化學習者目前的神經網絡。相關度越大，學習內容越有意義。」
- **透過情緒**——情緒是把資訊深留長期記憶的最強大力量；其力量可以封閉我們的思考，或者強化經驗以利終身牢記。我們透過音樂（試著把節拍的聲音帶入課堂）、表揚學習成就、加入視覺工具及模擬活動，以及真實生活的應用，把情緒加到學習上。
- **透過模式或連結**——大腦會尋求連結；大腦常常自問：「我對這個主題已知的可連結知識是什麼？」

儲存和提取資訊

　　雖然對人類的記憶路徑有幾條仍有爭議，但大多數研究者都同意基本的記憶路徑有三條。讓我們從如何幫助學生更有效運用的角度來檢視這些路徑。

語意記憶

　　語意記憶（semantic memory）（也被稱為類別的、陳述性、分類的或語言的記憶）是教育界最常應用的記憶系統。這個區域儲存字詞和事實——三種記憶系統中符合大腦功能的程度最低。這是何以學生無法記得所學內容的原因之一。Sprenger（1999）指出：

> 　　新資訊透過腦幹進入大腦、進入視丘，然後被送到海馬迴，這個區域是事實記憶的檔案櫃。如果輸入的感官資訊是事實，大腦就會檢索海馬迴的檔案以尋找符合的資訊。大腦會查尋可以連結到新學習的先前學習或經驗，而這可能需要嘗試幾次才會找到。教師在促進此過程上所做的任何事情，都會幫助學生理解資訊。

　　我們可以引導學生建立這些連結；或者，若沒有先前的學習，就提供學生連結之物。例如，就「浪漫時期」的教學單元而言，我的學生可能不熟悉艾默生、歐文、梭羅和惠特曼的作品，但他們可能熟悉「浪漫」的概念。我可能會要求學生列出浪漫的特徵來展開這個教學單元。我可以從那些特徵引導學生理解，在浪漫的情感之下，我們往往偏好感情用事多過於相信理智或邏輯。當然，這是浪漫時期文學的特點之一。

如果事實和字詞在沒有任何情境脈絡或連結之下教給學生，除非經過複誦、複習或重新學習，否則就會被遺忘。應用語意記憶系統來教學生英文的成效很低，因為這些學生缺乏理解學習內容的語文能力。對貧困學生而言也是如此，因為他們在校外及入學之前的學習是有情境脈絡的，而且用到語意記憶系統的程度很有限。

Jensen（1998）指出：

語意記憶功能區的正確位置尚未被確認，雖然我們知道其運作是在大腦皮質之外。大腦的設計很不利於記憶印刷的文字內容。被牢記的內容資訊通常是透過填鴨技巧及表列之類方式來習得或試圖習得。語意記憶是列表導向甚至有時需要硬背的記憶類型，這類記憶必須靠複誦；它難以改變、隔絕於情境脈絡之外、有嚴格的限制、欠缺意義，而且連結到外在動機。

換言之，如果學生要學的是事實和字詞，他們必須有連結到這些資訊的知識，否則這些資訊會對大腦無用而被忽略。幫助學生記憶事實或字詞的一些策略包括記憶術〔例如，數學運算的口訣「Please Excuse My Dear Aunt Sally」（請原諒我親愛的莎拉嬸嬸）〕、旋律（例如字母歌）、字鉤法（peg words），或者應用熟悉的內容（例如，「上週我們學過 X，這週我們要再學……」）〕。如同 Jensen（1997）所言：「這類學習被歸類為坐在教室中學習及做功課，例如『閱讀第六章以準備週五的考試』。」

語意記憶和資訊串組（chunks）有關，我們一次只能處理少量的資訊串組，而一次能處理的資訊串組數量依年齡而有定量（例如，我們無法改變資訊串組數量，雖然可以變更其大小）。LeDoux（1996）指出，成人——心智年齡 15 歲以上者——的短期記憶一次可以記得

七個單位。Sprenger（1999）提到：「兒童從三歲開始就有一個單位的記憶量，每隔一年會再增加一個單位，直到達到一次記七個單位的能力。然後視興趣程度及先前知識而定，會再增加或減少兩個單位的記憶量。」表 1.2 顯示各年齡的記憶量。

表 1.2　資訊串組大小

記憶空間（+/−2）

年齡	資訊串組單位
15 －成人	7
13	6
11	5
9	4
7	3
5	2
3	1

　　我們在可處理的資訊串組或分類中放入的資訊越多，學生一次可以處理的資訊就越多。如果能找到把資訊放入資訊串組的方法，我就一次可以教學生 20 個項目。例如，如果第二次世界大戰的成因歸類為經濟、法律、社會因素等，教師更有可能幫助學生記憶，而不是只要求學生死記這些成因的列表。如果加以分類，隨機選取的字彙表就很容易學習。在上課之前，宜提供學生字彙表及其可能的歸類，以利學生根據對字彙的已有知識來判別分類（見表 1.3）。在整個學習過程中，也要給學生修正其分類表的機會。

表 1.3　教導學生分類（例如「資訊串組」）

說明：把以下的字彙表剪下來，然後決定其分類。把每個字詞置於適當
的類目之下。你也可以自創類目。

Adrenaline	Automatic memory	Frontal lobe
Midbrain	Neocortex	Peptide
Structure of the brain	Memory pathways	Stress chemicals
Types of memory	Semantic	Cell membrane
Procedural	Contextual	Amygdala

情節記憶

　　情節記憶（episodic memory）系統（也稱為情境的、軌跡的或空間的記憶）是以情境和位置為基礎（例如你在何時何地習得這些教材，或者在什麼情境下你學到這些資訊）。雖然這類記憶系統被用於教導小學低年級學生，但隨著年級增高，其應用逐年減少，直到除了藝術或職業課程之外，很少應用於中學課程。

　　位置在海馬迴的這類記憶系統符合大腦功能的程度很高，而且所記憶的內容能維持數年（雖然除非不時複習，否則細節可能扭曲）。Sprenger（1999）指出：「此記憶路徑的重要連結在於，當你學習某個新事物時你總是身在某處，因此可以輕易把學習連結到所在位置。」

　　這個記憶路徑儲存透過告示板、黑板或色紙等等任何賦予資訊情境脈絡的物件所教的資訊。在進行測驗時，你可以看到學生盯著遮蓋住的告示板，試圖回想在那裡的資訊。如果你詢問學生他們一時答不出來的問題，有時只要說：「請記得，答案在藍色的字彙表上」，就能幫助學生開啟記憶路徑。如果舉行測驗的教室和學習所測資訊的教

室相同，我們的測驗表現會更好。請想想我們把學生帶到餐廳或某些一般場所進行全國或州測驗的次數多頻繁，因此請試著把學生帶回到適合標準化測驗的教室。如果你的學生是 Jenson（1998）的研究所界定的典型學生，你的學生在測驗的表現會更好。利用視覺工具可以幫助學生更有效地應用記憶系統。請記得，至少 87% 的學習者需要視覺工具。

此記憶系統讓我們記得重大歷史事件發生時我們在何處，例如馬丁路德博士、甘迺迪總統的死亡，或者太空梭的爆炸。情節記憶也是這個世代何以會記得 2001 年 9 月 11 日他們在哪裡的原因之一。在教導貧困學生時，情境化的學習很重要。這些學生常常缺乏以語意記憶學習的字彙能力，但他們有透過說故事而學習的經驗，而故事是情節記憶系統的一部分。

對於教導貧困學生，教師深入了解該記憶系統及如何將其應用在課堂上，會得到更好的教學成效。由於今天的學生常常缺乏內在動機，而這個記憶系統對學生內在動機的要求很低，因此它會很有用。透過結合此記憶系統和語意記憶系統需要的字詞及事實，教師不僅能幫助學生複習資訊，也能促進這些資訊的記憶。

最後，情節記憶系統的容量無限。語意記憶系統受限於資訊串組（對成人而言是七至十個單位），但情節記憶系統需要有少量的內在動機，如果定期複誦資訊，我們可以記住大量資訊達幾年之久或永遠記得。

以下是情節記憶系統應用方法的一些舉例：

- 公布資訊以利需要視覺工具的學習者能看得到。對英語學習者而言，視覺工具對他們的學習很重要，因為他們的語意習得策略很有限。

- 採用以顏色編碼的教材單元，尤其教材包括大量字彙時。
- 使用圖表（例如非語言式）組體幫助學生「看見」學習內容，以及教導學生為自己的學習設計圖表組體。
- 在教新單元之前變更教室的布置。這麼做會影響學習情境（例如，「請記得，我們討論該資訊時，你們全都面對窗戶坐著」）。
- 使用符號及（或）服裝幫助學生區隔學習。在教導文學的浪漫時期時，我會應用圖畫框（我稱為「參考框架」）。例如，有一組學生的畫框是「艾默生」、第二組是「霍桑」、第三組是「惠特曼」，以此類推。每一組必須就作家如何在其寫作上應用浪漫時期的特點來討論該組的作家。這個畫框的作用即是學習的情境。

程序記憶

程序記憶（procedural memory）（也稱為身體、動作或動覺記憶）是把資訊儲存在小腦的有力記憶系統。它似乎有無限的容量（相對於受限資訊串組的語意記憶），而且我們往往把資訊儲存該處達幾年之久。Jensen（1997）指出：「也稱為動作記憶的程序記憶，其例子包括，當一個人正在學習騎腳踏車、記誦最喜歡歌曲的旋律（音樂記憶），以及回想一朵花的香味時（感官記憶）所發生的記憶歷程。」

Sprenger（1999）稱它為肌肉記憶（muscle memory），因為它和身體的行為及記憶有關，它也符合大腦的運作功能。以這種方式習得的教材很容易回想；事實上，這個方式是幼兒最常用的學習方式。兒童的生活充滿活動，這些活動需要他站、騎、坐、嘗試、吃、移動、遊戲、建構、跑，因此這些學習被身體所熟悉而記憶起來。

　　貧困學生有許多這樣的學習經驗，如果想要知道某件事，他們通常會做那件事。把動作加入學習活動中是教導這些學生以及 ADD 和 ADHD 學生的最佳方法。事實上，透過講課（例如藉著檢索語意記憶系統）而試圖教導貧困或 ADD、ADHD 學生的教師，其實是使自己和學生落入失敗的窘境。

　　我們可以透過下列活動把動作加入課堂教學之中：

- 角色扮演。
- 戲劇。
- 齊聲朗讀。
- 專題學習。
- 動手實作活動。
- 操作。
- 辯論。
- 團體活動。

其他記憶系統

　　Tileston（2000）和 Sprenger（2002）指出，我們還可以找到其他兩種記憶系統。例如 Jensen（1998）等某些研究者指出，雖然我們原先認為有五種記憶系統，但其中兩種可能是最早三種記憶系統的一部分。這兩種記憶系統有時被稱為自動記憶和情緒記憶系統。

　　自動記憶（automatic memory）。自動記憶系統同樣可以在小腦找到，而且有時被稱為制約－反射記憶（conditioned-response memory），因為自動性是制約的結果。這個記憶的一些應用例子包括乘法表、字母順序和解碼能力，而應用閃示卡或歌曲以學習事實資訊，也是把資訊存入自動記憶系統的方法。Jensen（1998）等研究者曾指

出，自動記憶系統實際上是程序記憶系統的一部分。

情緒記憶（emotional memory）。Sprenger（2002）表示：

此記憶路徑從杏仁核（amygdala）開始，它是邊緣的（lim-
bic）結構，會篩選帶有情緒成分的所有輸入資訊。杏仁核控制大
腦的能力非常強，因此，學習內容帶有情緒成分會對教材的記憶
方式產生重大影響。基本的情緒包括高興、害怕、驚奇、悲傷、
厭惡、接受、期待和憤怒，應用這些情緒有助於增強學習。有些
研究者認為，情緒並非分離的路徑，而是可以增強或阻絕其他記
憶系統的因素。

事實上，可能有其他的記憶系統尚未被發現，但目前關於這三個
（或五個）記憶系統的所知資訊，對幫助所有學生成功學習而言都很
重要。

2

誰是高風險者，我們該做什麼？

　　雖然每所學校認定學生是高風險者的標準不一，但其定義仍然相同。高風險學生是指那些若缺乏介入方案即陷入高風險的學生，此定義的重點在於「若缺乏介入方案」。先確認學生屬於高風險群，應該是針對其高風險的原因找出對症下藥之道的第一步，以利採用正確的介入方案之後能預防學生的學業失敗。

　　這比只是改變教學方式、教學內容或教學速度所涉及的更廣，雖然後三者也很重要。介入方案意謂著我們檢視學生的整個狀況，以決定如何預防其學業失敗。在檢視學生整個狀況時，我們會考慮各種介入策略，包括健康檢查、適時進行諮商輔導，以及在推動學生朝向成功之路方面最有助益的個別計畫。最有用的計畫是那些結合學校系統提供的所有計畫，以及能根據多元標準做出診斷與處方的方案。這些計畫也會指派人員監控整個學校系統中的學生進步情形。

　　我有幸和德克薩斯學校系統合作的某個這類計畫是學生支持小組（Student Support Team, SST），它是該學校系統本身針對介入方案所提供的全部特殊教育服務（除了特殊教育之外）之母計畫，因此每一

個校園都有學區主任及人員所指導的 SST。此由學校提供的計畫其定義是：

> SST 為解決問題的小組，其任務在把可能需要幫助以利在校成功學習的學生轉介到學校、學區或社區的各個特殊教育計畫。這些學生可能因為學業或行為問題被轉介，包括物質濫用、某方面有可疑的障礙、在校學業無法進步，以及（或者）有紀律問題。

這類計畫會指派個案管理員引導學生及家長經歷所有過程，以使學生獲得最適當的介入方案。

不是每一個學校都負擔得起經費或有人員可以提供這類計畫，但即使小型學校也可以為高風險學生做下列事情：

- 使家長和教師知道所有可以利用的介入方案。
- 至少蒐集以下資訊，包括測驗分數、視力和聽力檢查、醫師寄給學校的診斷書、來自之前教師及班級的軼事紀錄，以及任何在校內或校外做過的其他測驗結果。
- 指定某個教師負責指導某個學生，以利該生不因為學校系統的缺失而失敗，而且學業通常能夠跟上來。我們在小型學校的做法是分派每個教師參加一個小組，每個小組分配一百個學生給教師負責指導。教師每週檢核以了解學生是否常常缺席、上課遲到、發生紀律或行為問題、有成績落後的危險，以及（或者）有無法達到年級升級標準的危險。一有問題發生，學生就會被叫來開會，如果必要，家長隨後也會被找來。我們會檢視學生的所有狀況，例如，如果學生數學課表現不佳但科學課表現優良，我們就會檢討科學課有哪些活動對學生有用。根據全國濟窮政策準則，這所學校有 50% 以上的學生符合全部或部

分午餐費減免，然而就全州及全國的測驗分數和一般的學業成就而言，我們在三年的輔導期間之內把學生帶到了領先的地位。如同有個學生告訴我：「這個學校就是不讓你失敗。」

- 及早開始介入方案。全國的準則要求，如果學生在小學四年級時還不能達到該年級的閱讀程度，學校就要進行主要的介入方案。我認為這時已經太遲。我在曾經負責輔導工作的每一所學校，都會和校長及一年級的教師合作，以提出一份到第二學期仍沒有閱讀能力的學生名單。我們為每一個學生建立輔導檔案，而且先檢查他們的聽力和視力再進行其他輔導策略，後者包括指派一個大人和他們一起閱讀。早期介入可以預防學生的核心能力在受教過程中更加落後。

我在統籌輔導計畫數年之後，學會了先檢查學生的聽力和視力，因為有很多次這些檢查就是學生所需要的介入方案。一年級的學生都想要閱讀，如果他們不想讀，通常是因為有特殊的問題妨礙了閱讀。幾年前當我開始上述計畫時，有幾所學校的教師曾告訴我，某個學生只是懶惰，如果他想要讀就能夠讀。我不同意這種說法。我從未聽過幼稚園孩童或一年級學生說：「我等不及去學校讀書，因為我會失敗。」事實上，他們對學校的第一個失望感受是，第一天上學沒有學到如何閱讀，所以回家無法讀給爸爸媽媽聽。

我曾對某個不能閱讀的學童做過視力檢查，結果發現他有視覺感知的問題（無法閱讀任何有曲線的字母）。他曾經接受特殊教育服務計畫的檢測，但是所做的視覺感知測驗並未包括其無法閱讀的字母。他的父母帶他去看某個知名的眼科醫師，醫師診斷出他的問題，然後幫他配了合適的眼鏡，第二天他在班上第一次可以閱讀，而他的同學們即刻報以歡呼。

有多少像他一樣的學童在學校沒有得到正確的介入方案？

圖 2.1 可以幫助你為自己的學校提出介入方案。

常見的高風險學生判別標準

以下是常被用於安置高風險學生的某些標準。我未將特殊教育服務計畫包含在內，因為它們將在第三章中分開討論。

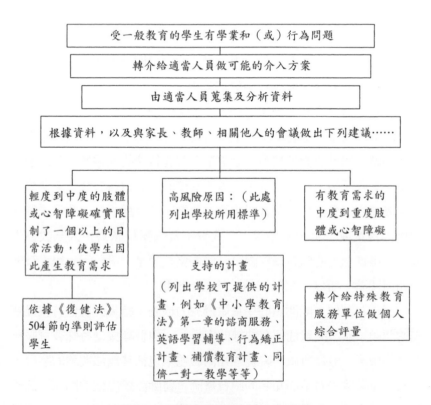

圖 2.1　對高風險學生的介入方案

ADD 和 ADHD

根據 Sousa（2001）的定義，ADD 或 ADHD 是一種病症，它會干擾個人以符合個體發展的適當方式來約束自己的活動程度、習慣行為，以及活動任務的參與。Sousa 列出三個 ADD 或 ADHD 的特定指標：不專注、過動性和衝動性（inattention, hyperactivity, and impulsivity）。由於所有學生有時都會表現出一種以上這些特徵，從學生的 ADD 或 ADHD 有多明顯的角度來檢視每個特徵，會有幫助。

- **不專注**──有這項特徵的學生很難專注於一項任務直到其結束。他們很容易搞丟物品，而且似乎欠缺組織能力。教師常常抱怨這些學生沒在聽課又拙於開始程序性任務──甚至更拙於完成這些任務。
- **過動性**──過動的學生似乎總是坐立不安，而且在上課時間可能會找藉口離開座位。這些學生在上課時很愛說話，坐著聽講對他們而言有困難。
- **衝動性**──行為衝動的學生總完成不了學習任務，尤其在遇到任何困難時。他們也常常在沒輪到自己回答時突然說出答案。

Armstrong（1999）曾列出以下的 ADD 或 ADHD 特徵：

- ADD 或 ADHD 極有可能是基因病變引起。
- 其基本的症候群病症是過動性、衝動性和不專注。學生可能會表現出部分或全部的病症。
- ADD 或 ADHD 患者占美國全體兒童及成人的 3% 至 5%。有些科學家認為，這個數字很低是因為患此病的女孩有時未被診斷出來。
- ADD 或 ADHD 可以透過病史、行為觀察、記錄觀察結果的評

分表，以及學生完成實作任務的過程來鑑定。心理測驗有時也
可以用來評量特定情境之下學生的記憶、學習及相關方面的功
能表現。

- 許多學生都被施以醫藥治療，雖然在過去短短幾年這也成為爭
議的主題。

根據 Sousa（2001）的研究，ADD 或 ADHD 學生其年齡通常在 9
至 17 歲，男性患者人數大約是女性的兩到三倍，而且大約占年輕人
口群的 4.1%。經檢查有該症狀的學生，必須至少六個月之間都表現
出六種以上不專注或過動－衝動的特徵，而這些特徵也必須在七歲以
前就出現。其症狀參閱《心理疾病診斷及統計手冊》（*Diagnostic and
Statistical Manual of Mental Disorders, fourth Edition*, DSM-IV）。

根據 Amen（1995）的研究，ADD 或 ADHD 學生很難對任何事
物集中注意力，除非它是新的、有新奇性、很刺激，或者令人害怕。
Given（2002）指出，這一點可以說明為什麼兒童「在安靜的課堂作
息期間一直漫不經心」，卻能夠長時間專注於電視遊戲和充斥動作的
電視節目。Jensen（1997）舉例指出，學生會長時間盯著電視遊戲，
是因為能得到立即的滿足和回饋。對患有 ADD 或 ADHD 的學生而
言，可能有必要常常提供他們具體的回饋，以鼓勵他們繼續學習。僅
說聲「做得好」還不夠，這些回饋必須具體又有建設性。

雖然學術研究往往把 ADD 和 ADHD 混在一起，兩者的症狀還是
有一些基本差異。根據 Sousa（2001）的研究，ADHD 的學生常常衝
動做出決定，也喜歡炫耀，而 ADD 的學生通常很慢做出決定，在人
際互動方面也更為退縮。ADHD 學生的個性偏向霸道，ADD 學生則
比較不果決、比較有禮貌。ADHD 學生比較不服從限制或偏向我行我
素，ADD 學生則往往尊重這些限制。ADHD 學生常常吸引朋友與其

來往但卻不輕易親近誰；ADD 學生正好相反，他們和同學很親密卻很難吸引新朋友。基本上，ADD 學生「能毫無困難地安靜坐好或約束自己的行為，但他們漫不經心而且極難專注」（Sousa, 2001）。

以下是似乎同樣適合 ADHD 和 ADD 學生的一些策略：

- 提供有助於建構學習內容的圖表模式。本書第一章曾舉例說明某個用於數學課的圖表模式，相似的各種圖表模式也都有助於各年級各班的學生。

- 提供學生手寫的日課表及指定作業單，並要求學生放在筆記本的特定處。定期檢核學生是否按照這些資訊去做，而透過檢核及提供回饋，就可以向學生表明哪些是重要的學習任務。

- 應用能突顯學習內容的工具，例如影音媒體、圖畫、圖表、音樂、動作和情緒等。

- 提供學生體驗成功的機會，然後告訴學生他們是成功者。

- 給予具體的讚美。

- 利用僅有部分內容完整的圖表組體，以避免學生資訊負荷太重。我特別喜歡的工具是取自 Whistler 和 Williams（1990）的「故事框架」（story frame）。雖然他們把這個工具用於幫助學生理解語文，但也可以用於學生難以專注在學習任務上的任何學科。

- 提供學生結構、各種媒體和生動的節奏。把各種活動排定時間，然後預先告知學生他們有多少時間學習。

- 教導學生應用記憶術促進記憶事實資訊。Sousa（2001）建議應用類似「King Henry Doesn't Mind Drinking Cold Milk」（亨利國王不介意喝冷牛奶）之類針對十進位名稱字首（kilo-、kecto-、deca-、deci-、micro-、centi- 和 milli-）的記憶術。

- 依學生年級限制講述的時間。沒有人可以長時間久坐聽課而不疲倦或不破壞紀律。對於年齡超過 15 歲的學生，經驗法則是把講課限制在 20 分鐘之內；對年齡更小的學生，則以其年齡為依據（例如，如果學習者是九歲，講課時間就限制在九分鐘）。

如果你覺得必須提供學生大量資訊，而且你是唯一可以這麼做的人，那麼有些技術可以幫助你分割講述時間。其中一個技術稱為「互換同伴」，在講述一段時間之後，我會停下來要求學生和指派的同伴在一起，然後要小組中的甲告訴乙，對於教師在之前 20 分鐘所說的內容，他所記得的每個重點，接著，我會要求乙補充甲漏掉的資訊內容。

這個工具的應用有許多變化。例如，我可能會把學生分成小組，然後每個小組分派一項任務。其中一個小組負責當我一講述完就以自己的話重述內容，另一個小組對這些內容至少想出五個問題，而第三個小組則提出至少三個重點摘要，依此類推。

第二種語言的習得

這方面的高風險能力測驗有許多名稱：英語學習者（English language learners, ELL）、英語為第二種語言（English as a second language, ESL），或者第二種語言的習得（second language acquisition, SLA）等，都是目前採用的一些名稱。無論名稱為何，其問題都類似——有學生不會說美國課堂或職場採用的正式英語。對來自其他國家的某些學生而言，英語不會是他們的第二種語言而是第三或四種。對來自墨西哥這類國家的學生而言，家裡或所住社區說的不是英語，因此他們只有在課堂及學校走道才有機會練習英語。「第二種語言的習得」這個術語的產生是因為出身都市貧民區的學生有需要學習同時應

用街坊用語和課堂、職場用語。Payne（2001）把這些不同版本的英語稱為「非正式語域」（casual register）和「正式語域」（formal register）。

Joos（1967）找出了五種語域，他指出任何語言都有這些語域。茲列述如下：

- **固定的**（frozen）──固定的語域在各個情境下總是相同，例如主禱文。
- **正式的**（formal）──這是學校和職場所選擇應用的語意和字詞。
- **協商的**（consultative）──用於會話中的正式語域。
- **非正式的**（casual）──非正式語域是用於朋友之間的語言，而且有部分依賴肢體語言輔助。
- **私密的**（intimate）──這是情人或雙胞胎之間的用語，也是性騷擾時的用語。

對於貧困的學生，尤其來自都市貧民區的學生而言，話語是非正式的，因此這些學生往往不知道課堂採用的更正式語域。對這些學生，我們不想剝奪他們和朋友所用的非正式語域，但是他們必須學習在學校和職場會需要的更正式語域。為幫助這些學生轉換用語，Payne（2001）提出以下建議：

- 要求學生先以非正式語域寫下句子，然後將其翻譯成正式語域。
- 要學生以非正式語域表達他們的不愉快，以做為紀律訓練的一部分。
- 以正式和非正式語域用語講述故事，然後要求學生比較兩者之不同。
- 直接以正式語域進行教學。

我們在學校所教的（所測驗的）大部分是陳述性知識（例如事實資訊）。在本書第一章，我談到大多數陳述性知識被儲存在語意記憶之中，而語意記憶最難回想。就欠缺所需語言學習能力的學生而言，儲存在語意記憶的資訊很難檢索。對這些學生而言，教師應利用情境脈絡（例如，說故事和視覺呈現物）來幫助這些學生學習事實資訊；要提供富於視覺和動覺技術的豐富教學資源，以幫助這些學生獲得學習事實資訊所需的能力；也要應用動作（來自程序記憶系統）、情境脈絡（來自情節記憶系統），以及情緒（來自情緒記憶系統）來幫助這些學生學習語意資訊。

只要結合記憶系統，我們隨時都能強化學生儲存及回憶資訊的能力。針對字彙表的學習而言，可以教導這些學生應用圖表組體、圖畫，以及符號來幫助記憶資訊。這麼做時，就是在提供學生學習的情境脈絡。

無法習得基本能力

2002 年，布希總統簽署了一件影響所有學校的法案。《有教無類法》（No Child Left Behind Act）具體提到學生成就，並且規定各州提供實質的計畫以幫助所有學生成功學習。此法包括四個關鍵的總則：

1. 對教學結果要求更大的績效責任。
2. 州、學區和學校在應用聯邦專款方面有更大的彈性。
3. 居於社經不利地位的家長有更多的子女教育選擇權。
4. 重視已證明有效的教學方法。

《有教無類法》尤其以低成就學生的教育計畫為目標。以下是該法特別提到的一些計畫及其要求。

「**第一章**」（Title I）。「第一章」即 1965 年首次通過之《中小學教育法》的「A」節。其立法動機出於致力消弭貧困學生的學習落差。被認定為計畫對象的學生，是那些在數學或閱讀方面程度嚴重落後的學生，而聯邦專款經費乃根據聯邦準則下符合全部或部分午餐費減免學生之百分率來計算。雖然貧困不是被列入這類教育計畫的標準，但一般咸信，需要這類服務的是貧困學生。

根據美國教育部某篇報告書（U. S. Department of Education, 2002），低於三分之一（29%）的全體小學四年級學生其 2000 年的「全國教育進步評量」（National Assessment of Educational Progress, NAEP）之閱讀表現在精熟程度以上。學生閱讀能力精熟的百分率甚至更低的有低收入家庭的學童（13%）、非裔學生（10%）、西班牙裔學生（13%）、身心障礙學生（8%），以及英語流暢度不足的學生（3%）。

《中小學教育法》第一章的經費補助，係根據某個學校或學區的貧困學生百分率，但是學生從這類計畫得到的服務則基於其需求。換言之，貧困不等於需要這類服務：學生必須在基本能力方面顯示需要介入方案。這是很重要的區別，因為，多年以來「第一章」基本上是一種分隔的計畫，學生必須到不同的班級接受輔導，而這會導致這類計畫變成把有行為問題的學生、弱勢學生，或需要不同教學模式的學生都聚集在一起，結果許多學生不進反退。

前教育部長 Ron Paige 在《有教無類法》簽署時曾說：「長久以來，學校對某些兒童的教育很成功，有了這套新法，我們可以確保所有兒童都能接受高品質的教育。」（U. S. Department of Education, 2002）

學校可以採用以下兩種方式之一來運用「第一章」的經費對學生

提供協助：全校的計畫或特定目標的協助計畫。有 40% 以上學生來自低收入家庭的學校，可以運用補助全校計畫的經費去改進全校教學，以提高低成就學生的學業程度。這表示「第一章」的經費被用於全部的學生，無論學生有何需求。決定不運用補助全校計畫之經費，或者沒有足夠低收入家庭學生比率以符合全校計畫申請資格的學校，就採用特定目標的協助計畫。在這種情況下，其經費就會特別用在針對低成就學生的計畫。

在「第一章」的新準則之下，2005 至 2006 年度之前各州必須舉辦三至八年級的年度閱讀和數學測驗，2007 至 2008 年度十至十二年級的相同測驗則必須至少舉辦一次。2007 至 2008 年度，各州也必須針對三至五年級、六至九年級，以及十至十二年級各至少舉辦一次年度的科學能力測驗。「這些測驗必須和州定學校課程內容及成就標準結合，而且納入多元的評量項目，包括高階思考及理解能力的評量在內」（U. S. Department of Education, 2002）。

「第一章」所含的其他計畫，在致力於弭平學業成就落差方面有特定的目標，尤其是針對低收入家庭的學生。這些計畫及其簡短的定義列述如下：

- **閱讀優先**（Reading First）（「第一章」B 節的第一小節）——此計畫乃針對閱讀能力未達該年級程度者，而且要求所有學生在三年級之前達到年級程度以上。其法條所引用的 NAEP 資訊顯示，在 2000 年有大約三分之二就讀高度貧困區學校的四年級學生無法達到基本的閱讀程度（U. S. Department of Education, 2002）。
- **幼兒閱讀優先**（Early Reading First）（「第一章」B 節的第二小節）——此計畫的對象是幼稚園以下的學童，他們可能欠缺

在幼稚園以上學校成功學習所需的認知、語言及幼兒期閱讀能力。根據全國教育統計中心所做的一項研究，「56% 初入幼稚園的孩童瀕臨學業失敗的風險……他們無法唸出兩三個以上的字母，61% 的孩童無法分辨字詞的首音，83% 的孩童無法分辨字詞的尾音」（引用自 U. S. Department of Education, 2002）。

- **齊頭開始家庭識字教育**（Even Start Family Literacy）（「第一章」B 節的第三小節）——此計畫以幼兒及其家庭為對象，俾利對幼兒的識字學習提供支持，以及對家庭的識字教育也提供額外的支持。這個計畫有四個要素：幼兒教育、成人教育、親職教育、親子活動。而該計畫也必須提供暑期的活動。

- **透過圖書館改進識字教育**（Improving Literacy Through School Libraries）（「第一章」B 節的第四小節）——在該計畫中，增進學童識字能力及學業成就乃透過使其利用最新的圖書館資料、更新技術設備的學校圖書館媒體中心，以及有專業證照的圖書館媒體專家。這部分的法條內容是根據教師的報告指出學校圖書館無力支援教學過程，以及有關數據顯示的無圖書館員或無合格圖書館員之學校數量。在該計畫中，學校被要求進行需求評估以找出媒體中心需要改進哪些部分。

- **移民兒童的教育**（Education of Migratory Children）（「第一章」C 節）——雖然只有大約 1.4% 的學生被歸類為移民，這些學童的表現符合許多高風險情況之標準，包括貧困、健康不佳和 LD。他們也往往背負著成績欠佳、學校生活不連貫、人際孤立，以及語言溝通有障礙等其他的負擔。此計畫有以下的要求：

1. 確認這些學生的需求。

2. 確保這些學生有相同的高品質學業標準，無論他們轉學到哪一州。

3. 對州內和跨州的學業成績登錄方式進行協議。

4. 鼓勵為移民學生建立家庭識字教育的標準。

- **針對被忽視、犯罪或高風險兒童及青少年的預防暨介入方案**（Prevention and Intervention Programs for Children and Youths Who Are Neglected, Delinquent, or At-Risk）（「第一章」D節）
  ——此計畫以州立矯治機構及其他州立設施所收容的學生為對象，以致力於了解這些學生的受教品質是否達到適合程度。

- **輟學預防計畫**（School Dropout Prevention）（「第一章」H節）
  ——這個計畫的目標是降低學校輟學率，而其根據的資料顯示過去十年來的輟學率是 11%。

　　安全無毒校園計畫（Safe and Drug-Free Schools Programs）。在《有教無類法》之中，學校可以獲得經費促進藥物濫用的預防及介入方案，以及提供學生安全的校園環境。雖然過去幾年的犯罪事件已經減少，但在校園私售非法藥物和進行幫派活動的事件都有增加。因此這個計畫的焦點是學生的行為。

 # 行為障礙

　　今日的學生有許多行為障礙的症狀。基於本書的主旨，我將檢視焦慮方面的障礙和憂鬱症。

焦慮方面的障礙

　　焦慮方面的障礙包括恐懼症、恐慌症、強迫型人格障礙、創傷後

壓力症候群和一般的焦慮症。

　　Given（2002）把焦慮定義為「對未來的恐懼」。雖然我們有時都會感到焦慮，但那些有焦慮症的人，「其焦慮感長期無法減輕，甚至會變得更糟。有時，他們的焦慮感嚴重到把自己關在家裡不出門」（Sousa, 2001）。焦慮症可被分類為——

- 對人或特定事物的恐懼症：對人有恐懼症的兒童和同伴在一起時會害怕發生尷尬的事，所以他們可能會避免人際接觸。對具體事物有恐懼症是指害怕某個情境或物件的感覺很強烈，以致於兒童會完全避開該情境或物件。

- 普遍焦慮症：此症發生在總是預期最糟情況的兒童身上。他們的恐懼並非基於過去的經驗，也非出於證據顯示反面效應的確會發生。

- 恐慌症：其發生沒有任何的徵兆，而其症狀包括頭暈目眩、心跳加速、胸痛和腹痛。

- 強迫型人格障礙：此症發生於兒童重複出現某個想法或行為但卻無力停止，例如不斷地洗手或算數。Sousa（2001）指出，這種障礙在兒童期很罕見，但是青少年期有可能增多。

- 創傷後壓力症候群：以記憶重現或其他症狀的方式發生於經歷過創傷事件的兒童身上。

　　雖然我們不知道這些行為障礙的所有答案，但知道它們似乎與控制反應的思考過程和情緒發生障礙有關。人類存活下來有部分原因是因為大腦的功能會在面對威脅時中止所有不必要的運思過程。曾經長時間活在威脅之下的學生，即使威脅已不再出現，他們在突然面對與過去事件類似的侵擾或經驗時，還是常常會以「逃避或對抗」的模式來反應。例如，以往曾經在戰區生活的學生，在聽到飛機飛近時可能

仍會低頭尋找掩護。

憂鬱症

　　近幾年來憂鬱症兒童的人數在增加之中，以今日加諸兒童的壓力而言，未來幾年這方面人數減少的可能性似乎很低。國家心理衛生研究院（National Institute of Mental Health, NIMH, 2000）所做的一項研究指出，大約 6% 的 9 至 17 歲民眾有嚴重的憂鬱症。根據 Sousa（2001）的研究，有學習困難的兒童更可能罹患憂鬱症。這些兒童也有生病、和同儕或成人難以互動的危險，也更有可能濫用藥物或企圖自殺。

　　有憂鬱症傾向的兒童需要透過諮商員、學校護士及其他可用的服務來得到學校的介入方案。在課堂上，他們需要的是注重培育和提供成功機會的環境。他們常常需要回饋，也需要成功的機會來建立自我效能感。教師針對如何延遲酬賞以完成專題學習，把目標設定和直接教學納入者，能夠幫助這些學生更為成功。

　　Sousa（2001）曾列出學生患憂鬱症的某些症狀，以下所述取自他的著作：

- 心情一向憂傷、易怒，或想到自殺。
- 不是睡太多就是睡太少。
- 體重或味口有很大改變。
- 物質濫用。
- 遠離同伴。
- 活力低、動機低。
- 很難專注，甚至對原本一向喜歡的活動失去興趣。

對高風險學生學習有助益的教學策略

中部區域教育及學習研究機構（Mid-continent Research for Education and Learning, McREL, 2002）與教育部合作完成的一項研究，發現了會影響高風險學生成功學習的五種教育策略。

個別教導

McREL 進行的大多數研究是以幼兒的識字教育為領域。研究結論指出，個別教導在高風險學生的教學方面是有效的方法，其採用的步驟如下：

- 成人教師經過適當的訓練以利對學生施教。
- 由計畫執行人監控整個方案，以利做出必要的改變。
- 教導者對自己所做的工作有強烈的信念體系。
- 教導的過程兼有診斷的和處方的階段。

同儕教導

同儕教導被定義為「一人教另一人的個別化教學」（Ehly, 1986）。在 McREL（2002）針對來自高風險低收入家庭之學生的研究中，同儕教導對學習有正面的效果，尤其在數學、拼讀和閱讀方面。在任何個別教導的情境中，有一些關鍵要素能促使該策略成功，茲列述如下：

- 教師對個別教導的程序有具體的指示。
- 教師仔細監控過程。
- 使學生對如何實施同儕教導活動做好準備。
- 教師提供具體的立即回饋。

電腦輔助教學

電腦輔助教學是「一種教學過程,其中電腦被應用於呈現教材、監控學習的過程,以及視學習者目前所表現的程度選擇額外的教材」(Kestner, 1989; 參見 Hessemer, 1986)。 為達到其研究目的,McREL(2002)瀏覽 25 個針對電腦輔助教學對高風險學生教學成效的研究,然後採用後設分析(meta-analysis)法來判別效應值〔後設分析是「檢視眾研究結果的研究方法,以判別某個介入方案之策略的平均效應,並且找出調整策略之道。只有量化的研究才能被列入後設分析」(McREL, 2002)〕。整個後設分析的結果顯示,針對高風險學生應用電腦輔助教學,平均可以提高學生的分數 37 分。此結果似乎在數學科更顯著,其次是閱讀。

一般的教學策略

就建構主義取向為本的研究(其重點放在意義和理解)來說,對高風險學生的教學結果是正面的。我在第一章中討論到,在學習方面意義對大腦的重要性,以及班級教師可以使教材產生意義的一些方法。《所有教師都應該知道的事——有效的教學策略》(Tileston, 2004a)一書也詳細討論如何賦予學習內容意義並促進理解。

分組策略

研究發現,合作學習的情境——學生被分成異質小組以進行學習——對高風險學生的學業成就有正面效果。

對所有學生學習都有幫助的策略

　　根據 McREL（2002）的研究：「Marzano 在 1998 年的後設分析找出了改進幼稚園到十二年級之一般學生學業成就的九個策略。這些經發現適用於所有學生的策略，可能也適用於低成就或高風險的學生次團體。」

　　了解這一點之後，以下列出 Marzano（1998）以及 Marzano、Pickering 和 Pollock（2001）所找出、對全體學生的學習有強烈效果的教學策略，並附上簡短的說明。

先備知識

　　動用先備知識是指介紹新教材所採用的過程。在本書第一章，我提到大腦喜好模式，以及在新資訊呈現時會找尋與已知知識的連結之處。在介紹新資訊之前，請先提供學生思考新知識的特定方法。以下是課堂上可用的幾個方法：

- 利用 KWKL（Know-Want to Know-Learned；「已知－欲知」到「已知－習得」）圖表模式，幫助學生找出在「K」欄之下關於該主題的已知知識，以及在「W」欄之下他們需要知道或想要知道的知識。在學習之後則要學生在「L」欄寫下學習開始時不知但現在已知的知識。

- 提出使學生思考新學習的問題。例如，在學生閱讀《大亨小傳》（*The Great Gatsby*）之前，可以先要求學生列出所謂「好朋友」的特質，然後，當你從友誼的角度探討該書角色時再用上這份清單。小學階段的教學，可在學生閱讀《艾拉今晚外宿》（*Ira Sleeps Over*）之前詢問他們，如果到朋友家過夜的話

會帶些什麼東西，然後再了解學生列的清單是否和艾拉所帶的某些東西相同。

對比的能力

要特別教導學生對比的能力，以利他們能夠把新、舊知識連結起來。圖 2.2 列出名詞和代名詞的特色；表 2.1 則應用非語言式組體把

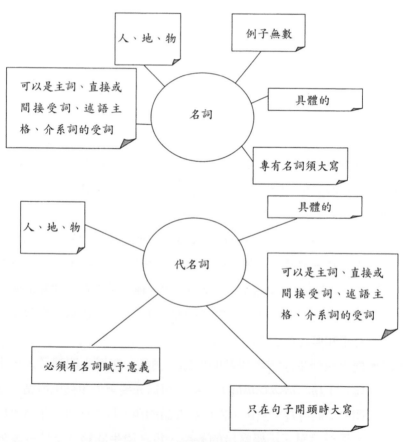

圖 2.2　名詞和代名詞的心智地圖

表 2.1　對比表格

名詞	它們如何相似	代名詞
	人名、地名、物名	
	具體的人、地、物	
	可以是主詞、直接或間接受詞、述語主格、介系詞的受詞	
	在……方面有何不同	
所有專有名詞都要大寫	大寫	只在句子開頭時大寫
例子無數	限制性	例子有限
不必用到代名詞	依賴性	必須和名詞連結

這些資訊轉換成表格模式（請記得，87% 的學習者是視覺型）。這個方式可被用於任何你要學生做對比的事物。對教導學生使用范恩圖（Venn diagrams）而言，它也是有用的起始活動。

語言式和非語言式組體

　　明確地教導學生如何使用非語言式（和語言式）組體，以幫助他們「了解」學習。非語言式組體是圖表模式，它依賴模式之結構而非大量傳達資訊之字詞。Marzano（1998）的研究發現，非語言式組體的運用對學生的學習有重大影響。

程序性目標

　　教師應給予學生程序性目標，這些目標要求他們應用實驗式探究、問題解決、做決定，以及調查的技術。大多數的課堂目標都是陳

述性的（例如，學生應該了解些什麼）和程序性的（例如，學生在學習之後應該有什麼能力）。提供學生實作的機會，能幫助學生把資訊存入長期記憶（見第一章關於複習的資訊）。

教學目標

教學應提供學生教學目標（列出來），並且對於教學目標達到的程度如何常常給予學生回饋。《所有教師都應該知道的事──教學計畫》（Tileston, 2004b）一書對此有詳細的討論。教師的陳述性和程序性目標（代表學科學習標準）應該在課堂上呈現，而且在教學前就和學生討論過。有時，教師和學生應該回顧教學目標，然後從達成目標的角度確認教學進度。例如，關於「浪漫時期」的單元目標可如下列：

陳述性目標：學生會知道……

- 與美國浪漫時期有關的字彙。
- 與該時期有關的某些作家之姓名。
- 浪漫時期作品的寫作特色。

程序性目標：學生將能夠……

- 從某些文學作品之中辨識浪漫時期的特色。
- 對選出的詩編製非語言式組體。

回饋

當教學目標達成之後，要提供回饋給學生個人或全體學生。要在課堂上給予學生被表揚學習成就的機會，而 Marzano（1998）找出的最有效策略之一是，來自教師及他人的正面建設性回饋。這裡值得注意的是，回饋應該要有價值、兼具診斷性和處方性，以及經常給予學生，只是說聲「做得好」是不夠的。

由學生產生的教學目標

　　要引導學生提出他們自己的學習目標、設計實施目標的計畫，以及在必要時監控及調整目標。大腦認知系統的守門者是後設認知（metacognitive）系統，該系統會判定學生是否能完成某項學習任務，以及投入學習過程的精神和努力有多大。後設認知系統受到幾個因素的影響，例如學習者的自尊和自我效能。

自我認識

　　要幫助學生認清自己對影響學習的自我信念有多少認識。直接告訴學生，他們帶著一套對學習、對學科，以及對自我能力的信念來上課，這些都影響他們能獲得多大的學習成就。你可以針對這類自我認識（self-knowledge）進行全班討論，或者利用下列的問卷（表 2.2）來了解。

表 2.2　問卷樣本

1. 對於（這個學科領域）你過去有哪些經驗？這些經驗是正面的、負面的、興奮的或枯燥的？以你自己的話敘述之。
2. 你何時知道自己將要學習（這個學科領域）？你的反應是什麼？
3. 如何能使課堂活動對你而言是有趣的？
4. 你喜歡透過聆聽或做筆記來學習嗎？你偏好透過討論來學習嗎？你比較喜歡透過參與來學習嗎？
5. 你喜歡獨自學習或小組學習？
6. 我如何幫助你成功地學習？

3

一般班級中的特殊學生

對身心障礙學生的服務係由聯邦和各州法規所保障,而其計畫、實施,以及追蹤考核則由嚴格的準則來管理。雖然每個學區都有一位特殊教育官員負責確保滿足特殊學生的需要,但是以教師的記錄者角色而言,班級教師在法令實施程序上扮演著主要的角色。一般班級教師與特殊教育官員攜手合作的重要性,再怎麼強調也不為過。只有在透過一般班級教師的闡述及執行時,特殊教育官員所做的最佳計畫才會發揮作用。為更了解特殊教育計畫的責任,讓我們檢視管理這類計畫的主要法規。

聯邦政府的法規

第 94-142 號公共法

關於身心障礙兒童的聯邦立法係從 1975 年通過的《第 94-142 號公共法》開始。該法的目的在確保所有身心障礙兒童都能獲得免費又適合的公共教育,而其內涵則包括特殊教育及滿足他們需要的相關服

務。

負責一般教育的教師應該了解：

- 接受聯邦補助的各州必須提供身心障礙兒童免費的教育，而且如果可行的話，這類兒童必須在公立學校系統接受教育。
- 每個身心障礙兒童都必須有個別教育計畫──IEP。IEP必須包括年度目標和短期教學目標；明列所提供的具體特殊教育計畫及相關服務；摘述這些服務的提供期限；以及具體說明能顯示達成特殊兒童教育目標的評量標準及程序。
- 無論兒童的身心障礙有多嚴重，都不能拒絕其接受免費又適合的公共教育（即著名的「零拒絕概念」）。
- 適合的教育不僅在確保身心障礙學生的被允許就學，也確保教育計畫的設計會滿足他們的需要，並根據其能力障礙情形而調整，進而達成有意義的教育。
- 必須盡可能讓身心障礙學生和沒有障礙的學生一起受教育──亦即特殊學生必須安置於「限制最少的環境」（least restrictive environment, LRE）之下。

這項法律提供某些有程序的保護措施來保障特殊學生，而這些措施在任何情況下都必須遵行。

根據《第 105-17 號公共法》612（a）（5）（A）節，每個地方教育當局（local education agency, LEA）都應該確保：

（A）總則──在最適合的程度上，身心障礙兒童必須和沒有障礙的兒童一起受教育，包含被公立、私立或其他養護機構收容的特殊兒童在內。只有當兒童的身心障礙程度嚴重到佐以補充的協助及服務之一般班級教學都無法有令人滿意的成效時，方可

允許特殊班級、分隔的學校教育，或者其他把身心障礙學生和一般教育環境分開的情形發生。

該法律對特殊教育的假定，係考量到對每個身心障礙學生的服務應從一般班級開始。為實踐這個考量，該法律有四個主要關鍵部分：

- 提供補充的協助及服務，以使身心障礙學生在接受一般班級教學和一般課程之後能達到令人滿意的學業成就。
- 地方教育當局必須持續提供另外的教育安置措施。
- 對教育安置的決定應包含年度檢討（或對於限制最小環境的決定）。
- 身心障礙學生與無障礙學生應共同參與非學業的（或課外的）活動。

特殊教育法

1990 年通過的《特殊教育法》（Individuals with Disabilities Education Act, IDEA），係修訂自《第 94-142 號公共法》，其重要內容如下：

- 自閉症和腦傷（traumatic brain injury, TBI）等兩種其他身心障礙都可依法接受特殊教育服務。
- 殘障學生（handicapped students）一詞改為「身心障礙學生」（children with disabilities）。
- 對 16 歲以上學生的 IEP 必須明列所需的生涯轉換服務（transition services），內容包括公立學校以外機關的責任。針對高年級學生的生涯轉換計畫，其目標在確保學生能從公立學校成功轉換到高中以後的生活（例如，上大學、上職業學校、就業、過獨

立或有補助的生活）。

柯林頓總統在 1997 年 6 月 4 日簽署通過 IDEA 的修訂。

1974 年的家庭教育及隱私法

也稱為巴克利修正案（Buckley Amendment）的《家庭教育及隱私法》（Family Educational Rights and Privacy Act of 1974, FERPA），針對學生的紀錄、通知文件、取得及閱覽紀錄、收取費用、修正紀錄、聽證會、對其他人再度公開紀錄、公開通訊錄，以及申訴等，明文保障家長及學生的隱私權。身為教師，我們必須了解此法律的最新版本，以及對於學生的資訊有哪些可以公開或和他人討論、哪些則否。由於法律的解釋會隨著時代改變，請向任教學校確認以了解哪幾類資訊是你可以透露的，而不要等到無監護權的家長上門索取學生的資訊才去了解。

美國身心障礙人士法

美國身心障礙人士法（Americans With Disabilities Act, ADA）的對象不限於身心障礙學生，也涵蓋從嬰兒到高齡者的所有身心障礙者。ADA 是禁止歧視身心障礙者的公民權利法，該法律的保障影響了就業、住屋、教育，以及其他所有影響生活的機會，因此未遵守此法律的學區可能會因為侵害身心障礙者的公民權利而被控告。ADA自 1992 年夏季開始生效。

1976 年復健法第 504 節

「第 504 節」是對公民權利的另一項立法，保障身心障礙者免因其障礙而受到歧視。根據該法律，身心障礙者不得因為其障礙而被拒

絕服務或參與活動（programs）。「第 504 節」所界定的殘障（handi-
cap）比《特殊教育法》所界定的身心障礙（disability）更廣。在「第
504 節」之下，身心障礙（心智或身體）會永久限制重要的日常活
動，包括走、看、聽、說、呼吸、學習、工作、照顧自己，以及接受
實作測驗。

　　此法比《特殊教育法》更廣、更概括，也未規定如《特殊教育
法》所要求的服務程度，但它的確注意到身心障礙者的教育需求及所
需的調整。如果身心障礙導致教育的需求，此法在服務方面有針對通
知、鑑定及提供支援的通則。

程序性的保護措施

　　程序性保護措施（procedural safeguards）列出保障每個身心障礙
學生的基本權利。要符合接受特殊教育的資格，學生必須有身心障礙
「和」教育需求。為何須兩者兼具？因為我們不應該假定，某個學生
有身心障礙的情形就必然意謂著這個學生有學習困難，應該問的問題
是：「學生身心障礙的情形是否阻礙其充分發揮學習潛能？」如果答
案為「是」，那麼這個學生就需要特殊教育。有教育需求，卻不符合
特殊教育法所涵蓋的特殊學生類別，可以在特殊教育的大傘之下接受
其他的聯邦、各州或地方計畫所提供的學校教育服務。

特殊教育所涵蓋的身心障礙類別

　　以下是特殊教育法規所界定的身心障礙類別：

- 聽覺障礙。
- 自閉症。
- 盲聾雙重障礙。

- 情緒障礙。

- 學習障礙。

- 智能障礙。

- 不分類的幼兒障礙。

- 肢體障礙。

- 身體病弱。

- 語言障礙。

- 腦傷。

- 視覺障礙。

特殊教育類別

自閉症

　　有自閉症腦神經障礙的學生往往在三歲時出現症狀。這些兒童在溝通表達，以及與他人建立關係方面有困難。五百人中會有一人是自閉症，其中五分之四是男性。根據 Sousa（2001）的研究，有自閉症的學生「不和人互動，會避開目光接觸，也可能會躲避注意和親近。」

　　目前有幾個理論可以解釋自閉症，但沒有一個經過驗證。已知的事實之一是，自閉症似乎是大腦前葉缺陷所導致，而大腦前葉有助於控制行為，尤其是在新環境中的行為。有自閉症的兒童可能會有強迫的行為，或者會說出重複字詞或短句。

　　班級教師可以透過以下活動（根據Sousa, 2001）來幫助自閉症學生：

- 為學生提供非常有組織的環境。自閉症兒童應該有個放置所有物品的地方，而且各物品都有固定位置。這表示可能要特地準

備一本筆記本，內附有具體功能的檔案夾，例如，一個檔案夾放待做的指定作業，一個檔案夾放完成的作業。

- 給學生具體的指示，且盡可能用書面指示。
- 使學習活動及指定作業有組織、有連貫、可預測。自閉症學生不喜歡意外的事情。
- 逐漸給學生獨立學習的機會。
- 當自閉症學生被要求和同儕進行社會互動時，對活動方式要給予非常具體的指示，包括期望說出的對話內容。
- 教育計畫應該適合兒童的心智能力。教學環境應該很有組織，教學指導也必須很簡單。

學習障礙

有學習障礙的學生有正常的智能，但其學業表現很差。學習障礙兒童非智能障礙，而是因為生理、情緒或社會互動問題導致學習困難。通常這些兒童本來有正常的文化利益和適當的學習機會，但是因為本身的能力受限而無法學習。

沒有人確切知道什麼原因導致學習障礙。一般而言，這些兒童並非難產兒或受到負面環境的影響。除了語言方面的障礙，他們和手足的發展速度一樣。學習障礙兒童的某些特徵如下：

- 在精細動作技能方面，這些兒童很難做好著色、寫字或以刀割物的任務，而且很難養成慣用左手或右手的習慣。
- 在涉及專注的能力方面，這些兒童的聽力不佳、很容易遺忘、欠缺組織能力，而且無法遵行多步驟的指示。
- 在閱讀方面，這些學生很難聽出字詞的不同、很難了解字詞或概念，而且會讀錯字母或弄錯字母順序。

　　為診斷學習困難，教育方面的診斷專家或心理學家會對兒童進行包括許多領域（例如，語言、健康、情緒或行為技巧、社會互動及其他）的綜合評量，但是最重要的測驗是在智商和學業成就方面。如果兒童的學業成就分數低於智力測驗分數 16 個百分點以上，則學業成績即屬低落，因此可能符合學習障礙的歸類。有學習障礙的兒童可能也有閱讀困難症或注意力不足症。

　　在大多數學校，接受特殊教育的學生之中有閱讀障礙的學生多過於其他障礙的學生。大多數學習障礙學生整天在一般班級中就讀，只有在需要時才得到特教教師的協助。

智能障礙

　　智能障礙人士常常被認為是「外表和行為異常」的嚴重智能不足者。事實上，大多數智能障礙者並沒有明顯的症狀，透過教育和訓練，大多數的智能障礙者可以成為自給自足的公民。

　　智能障礙的成因很多。它可能是頭部受傷、生病，或者由於先天或基因異常（例如唐氏症）所造成。通常智力功能明顯低落（相對於一般人的 IQ 分數普遍在 90 到 110 之間，其 IQ 分數在 70 以下），而且適應環境能力有障礙的人，會被視為智能障礙者。

　　視症狀嚴重程度而定，智能障礙者的功能表現非常不同，以下各段落分別陳述輕度、中度和重度或極重度障礙者的一般特徵。

　　輕度障礙——輕度智能障礙以 IQ 在 50 到 70 之間為特徵，大約占 85% 的智能障礙人口。

　　新生兒到五歲兒童的輕度障礙症狀可能看不出來，但是，這些兒童在走路、說話和自行進食方面的動作都比正常兒童更慢。在學校裡，這些兒童能夠學習生活實用能力和讀寫能力，若受到特別關注，

他們可以達到三至六年級的學業成就。

因此，這些輕度智能障礙者可以學習職業及社會技巧，以維持自我生存（例如，有一份具競爭力的工作且獨立生活）。

中度障礙——中度智能障礙以 IQ 在 35 到 49 之間為特徵，大約占 10% 的智能障礙人口。

有中度智能障礙的嬰兒或幼兒在動作技能發展方面明顯落後，尤其是說話能力方面可能只會說少數的字音或字詞。

對這些中度障礙者的教育目標是加強其自助能力，以使他們在工作環境中能發揮功能。雖然無法獨立生活，但他們可以在監督之下照顧自己，以及完成重複的或不需要技巧的任務。成年之後，他們的心智年齡在五至七歲之間。

重度或極重度障礙——重度或極重度智能障礙以IQ在 34 以下為特徵，大約占 5% 的智能障礙人口。

對有重度或極重度智能障礙的人士而言，其學習能力和自我照顧能力很有限。除了智能障礙之外，許多重度障礙者有其他的身心障礙，例如痙攣疾病（seizure disorders）、腦性麻痺、聽力或視覺障礙。他們能夠學習基本的自助能力，但是在學業能力的學習上有極大困難。有重度障礙症的成人其心智年齡在五歲以下，極重度障礙者則在三歲以下。

對智能障礙者的教育目標——因為智能障礙兒童得到的通常都是失敗的經驗，因此教導他們的關鍵在於安排學習環境以利其成功學習。重複是重要的學習要素：變化學習經驗雖然重要，但是要重複相同的概念許多次。智能障礙兒童經常有短期記憶的困擾，因此精心設計的、縮短的學習時段能幫助那些注意力持續不久的兒童。對他們而言，越抽象的活動（例如學習閱讀），越難學習。

教導智能障礙兒童的主要教育目標是，幫助他們獲得有用的工作以及適當的自助及社會技巧，因此其教育內容主要根據社區情境之真實經驗，並安排豐富的練習。採用多媒體而非依賴印刷類教材的教學方法，能提供這些學生具體資訊而非抽象概念。

情緒障礙

有情緒障礙的學生可能有正常以上的智力，而且在不受到破壞性情緒或行為干擾時能夠像其他同學一樣地學習課業。由於干擾其他人的學習，他們常常令一般班級的教師和同學感到挫折及惱怒。有情緒障礙的學生往往沒有朋友、和教師處得不愉快、行為衝動而不考慮後果、言行舉止可能失控，而且可能覺得很抑鬱。

學生的情緒障礙症狀必須經過心理師或心理治療師的診斷。專業鑑衡者必能判定兒童的情緒或行為問題是否已經「長期」存在且「程度嚴重」，但很重要的是區分真正的情緒障礙和針對不同情況（例如，離婚、死亡或其他令人難過的事情）的正常反應。

情緒障礙的特徵如下：

● 無法與同學或教師建立或維持愉快的關係。

● 在正常情況下做出不當的行為。

● 平時心情就是不愉快或抑鬱。

● 產生和上學有關的恐懼感或生理問題。

● 無法學習，而其原因無從透過智力、感官或健康因素來解釋。

在教育上，這些學生在訂定明確規則及行為後果的班級中表現最優，因為學生的不良行為一定會得到應有的後果。當教師及行政人員以強調因果關係的非情緒性態度回應學生時，學生的紀律會最有效。這些學生在教學過程及整個校內活動範圍內，都需要嚴密的監督。在

學習表現適當行為方面，社會技巧的訓練（例如交朋友、與教師相處、接受批評等等）對於情緒障礙學生非常有用。

不過，社會互動適應不良的學生並不符合情緒障礙的認定標準。

身體病弱

有身體病弱（Other Health Impairments, OHI）情形的學生是指他們有健康上的問題。嚴重的疾病會減少學生的體力、活力，或者改變學生的學習情況。兒童可能會有心臟病或心臟缺陷、呼吸疾病（respiratory disorders）、糖尿病、痙攣或癌症這類慢性嚴重健康問題。心臟問題必須經過醫師診斷認為病情嚴重、會影響兒童參與學校活動的能力，以及至少會持續四個星期。

肢體障礙

有肢體障礙（Orthopedic Impairment, OI）的學生其身體有嚴重的障礙，而且由於肢體殘缺而無法做出正常的動作。肢體障礙要經過醫師診斷，它可能是基因損傷、難產，或脊髓灰質炎、關節炎等疾病，或者意外所導致的肢體障礙。

對這類學生的教育關懷可能包括：需要更多的空間以操控輪椅或拐杖，或者有使用打字機、電腦或計算機的需要。其他的考慮事項則是書桌、浴室和二樓教室的使用。而根據學生的能力，體育課可能需要調整或減少。

語言障礙

語言障礙（Speech Impairment, SI）的範圍從口齒不清之類的輕度說話缺陷到嚴重的表達障礙，後者會影響表達式（口說）語言和接受

式語言（理解字詞）。

語言障礙必須由語言病理師判定。語言病理師診斷的表達障礙包括下列：

- **清晰度**——兒童在正確發音方面有嚴重問題。
- **詞語**——兒童的字彙極為有限；他可能理解字詞，但卻無法以字詞或句子表達想法。
- **流利程度**——兒童有口吃問題。
- **聲音**——兒童在共鳴、音質、音高和聲音強度的控制方面都有困難。

接受小學特殊教育計畫的語言障礙學生多過於有其他障礙的學生。有典型語言障礙的小學生會在一般班級就讀；而語言病理師可能會在一般班級中為兒童提供說話治療，或者私下教導這類兒童。有典型語言障礙的學生大約每星期接受一小時的說話治療；治療的時間長短及頻率取決於兒童的能力障礙嚴重程度。自閉症和智能障礙學生也能受益於發展其表達能力的說話治療。

腦傷

隨著《特殊教育法》的通過，腦傷在 1990 年被視為身心障礙的一種。

這類身心障礙必須由醫師斷定，因為它是由外力造成的腦部傷害所導致的全部或部分腦部功能失常或心理障礙。

聽覺障礙

聽力喪失的程度可以從輕度到深度，可以是單側或雙側，其診斷必須由耳科專家或醫師行之。聽覺障礙（Auditory Impairment, AI）的

發生率大約占所有兒童的 1%。

　　聽力喪失的治療方法基本上包括聽力輔助和說話輔助。最常被用來幫助輕度到重度聽力喪失兒童的方法是提供兒童助聽器，然後將其座位安排在教室前排。許多學校也採用全溝通（total communication）的理念，採用該方法時，學童的語文課程可以結合使用助聽器、運用一般姿勢、打手勢、打手語、手指拼字、讀唇語，以及附帶或無附帶口語的肢體語言等策略。

視覺障礙

　　如果視覺敏銳度被健檢人員診斷為矯正後低於 20/200（譯註：視力值為 0.1），受檢者就會被視為法律上的盲人。視力為 20/200 的人可以閱讀大字體的書，但是全盲的人必須依賴點字或其他的輔助物。透過使用特殊的技術，越來越多半盲的學生可藉由使用特定為他們製造的媒體輔具而在一般班級中正常就讀。

盲聾雙重障礙

　　盲聾學生同時具有視覺障礙和聽覺障礙。

多重障礙

　　在多重障礙的類別之下，學生至少必須有兩種特殊教育準則所界定的身心障礙，例如，某個學生可能眼盲又智能障礙。

 特殊教育的過程

　　身為班級教師，你會是特殊教育計畫小組的成員之一，而這些小組為需要特殊教育的學生提供服務。以下各段落將逐一概述從轉介到

實施的特殊教育過程。

轉介

把學生轉介到特殊教育單位的是教師、諮商員、行政人員、家長、醫師，或者其他任何了解學生教育需要的人。轉介必須先填寫在特殊教育人員提供的轉介單，他們在接到轉介案之後，就會開始書面作業以確保所有程序都能正確進行。在實施任何診斷測驗之前，特教人員必須取得家長或監護人的書面同意。家長也會被書面告知其在聯邦及各州準則之下的權利。得到家長的准許之後，就會預約做測驗的時間並設定處理過程的時間表。

請勿對任何與學生特殊教育無直接關係的人透露你得到的資訊，請記得，所有學生都受到巴克利修正案的保護，而特殊教育學生更受到聯邦法規的保障。

評量

診斷專家或特殊教育單位所指定的其他人員會負責對學生做一整套的測驗，這些測驗連同健康檢查、視力檢查，以及醫師的病歷紀錄之類的其他有關資訊，會交由特殊教育人員整理，以利針對學生的特教需要做出有依據的決定。根據測驗結果及這個階段所蒐集的其他資訊，特殊教育人員將決定這個兒童是否適合接受特殊教育。

個別教育計畫

根據學生的適合度、學生的資料，以及在評量階段所獲得的其他資訊，個別教育計畫委員會的成員將會開會提出該生的個別計畫初稿。此委員會係由一或兩位該生家長、特殊教育人員、一位行政人

員，以及教師們所組成，根據學生身心障礙的情況，委員會將決定在學習方面必須做出哪些調整或補充，以幫助他在班級中達到成功的學習。此教育計畫可以包括年級的調整、教學方法的調整、行為矯正計畫、輔助科技的應用、評量方法的調整，或者其他任何被視為適當的調整。由委員會提出的個別教育計畫必須由班級教師執行。

安置

在個別教育計畫的指示下，特殊教育人員會對學生做出適合的安置。學生常常整天或一天中有幾節課被安置在一般班級（見本書末「字彙摘要」對「融合」的定義及規範其執行的法規）。班級教師必須對個別教育計畫詳加留意，尤其是該計畫所做的任何具體調整。這些是一般班級教師因材施教的指導方針，而且聯邦法規要求教師必須遵行。而共通的某些調整則包括年級的調整、指定作業或評量工具的提供，或者安置工作書面大綱。

檢討

特殊教育人員每年至少必須檢討個別教育計畫一次。身為班級教師，你的投入及檔案紀錄對於委員會為學生提出更多建議，將會很重要。

4

資優教育：因材施教

　　針對認定需要資優教育服務的學生因材施教，其重要性和為高風險學生調整教育方式相當。在許多方面資優學生都瀕臨高風險，因為他們可能沒有機會實現自己的潛能，或者可能純粹因為覺得無趣而在心智上停滯不學。而那些未停滯不學的資優生也許會破壞班級紀律。

　　被認定要接受資優教育，意謂著資料顯示這些學生需要資優教育的服務。此處的操作型定義是「需要」，它不是特權，也不是附加的利益；而是被認定的需要。

　　為了在班級中對資優生因材施教，我們有必要檢視在任何班級中都有的三個教學過程脈絡：課程內容、學習過程和學習結果。對資優生而言，所有這三個過程都會影響到他們。

透過課程內容因材施教

　　Tomlinson（1999）指出，至少我們期望班級教學所教的課程內容都以概念為本、與學生密切相關、包含真實的例證、很容易轉換到長期記憶，以及很有效力。我們藉著教材複雜度和學生可利用的教學媒

體種類,為資優學生分化課程內容。未曾教過資優學生的教師常常藉著給學生更多要做的作業來教導資優生。這不是資優教育;這是處罰。如果學生可以藉由完成五個舉例而理解某個概念,為什麼要給學生三十道以上的問題?

　　複雜度是造成差別學習的主因。一般班級學生和資優學生眼中的學習複雜度之別,可以從檢視我們如何分辨學生的理解程度來舉出有用的例子。Wiggins 和 McTighe(1998)指出,真正已經理解的學生其說明的能力可達到「提出複雜又有洞察力的可信理由,亦即,根據有效論證的理論和實務來說明或闡述某個事件、事實、文本或想法,並且運用有用的生動心智模式提出有系統的說明。」雖然就學生的理解而言,這是我們希望教給所有學生的能力,但同時也是對資優生的基本期望。我們會期望資優生採用的論證更複雜、更有洞察力。為達到這個目標,學生有必要接觸各種資料和資訊、使用網際網路,以及能夠利用 PowerPoint™ 之類的有力工具來闡述自己的知識。

　　有些學校透過壓縮課程的方式來分化課程內容,若學生在某個方面展現出精熟度,就被允許以加速的進度來學習課程。此處的關鍵在於確定學生已真正理解課程內容,不只是表面上而是達到有益未來學習的程度。

　　也許對於任何學生是否理解課程的最佳評量依據是 Wiggins 和 McTighe(1998)提出的六個理解層面:
- 學生能以正確又有條理的方式說明所學內容。
- 學習者能用有意義又有洞察力的方式來詮釋資訊。
- 學習者能用有效能又有效率的方式來應用資訊。
- 學習者能從所學內容中找出所透露的可信觀點,而且能用不尋常的角度檢視資訊。

- 學習者能用敏銳覺察的方式展現同理心。
- 學習者有自我認識，因此能反省所學並應用其他的後設認知程序。

換言之，當學生悠遊在我們稱作學校的這個思考水池之中，他們不只是在淺水區裡踢水而已。

茲將 Tomlinson（1999）對於一般班級教學如何分化課程內容的一些其他點子選列如下：

- 變更完成某項學習任務所允許的時間。
- 提供學生有各種不同難度和複雜度的興趣中心（interest centers）。
- 採用學習契約，以利學生能依不同程度簽署作業約定。
- 應用小組探究法，在該方法中學生係依據能力和興趣程度來分組（你不會針對所有活動都這麼做，但是資優生的確需要和其他資優生一起學習的機會）。

透過學習過程因材施教

學習過程是我們從課程內容學習及應用資訊的方式。學生在接觸到複雜的課程內容之後，他們能利用哪些過程來學習？我們檢視這些過程的基本方法之一往往是透過布魯姆的分類（Bloom's Taxonomy）。

Benjamin Bloom（1956）曾一一列出思考的層次，這些層次以彼此為基礎，而且當我們隨著此分類深入思考時，其層次會越趨複雜。在布魯姆的分類中，最基本的思考過程是知識或認識（knowing）。依此分類採用的動詞象徵我們的學習層次。以下讓我們從該分類如何用於班級因材施教的角度來檢視之，不只針對資優學生也針對所有學

生。

知識

　　O'Tuel 和 Bullard（1993）把知識描述成：「我們從過去的學習或經驗所能記憶的資訊。它包括簡單的回想和再認；而學習者可能已經透過填鴨式學習而吸收資訊。」來自知識層次的問句舉例之一是：「什麼是名詞？」

　　反映這個層次的動詞如下：

- 列出
- 描述
- 找出
- 陳述
- 定義
- 標示
- 回想

理解

　　當學生從知識的層次展現對資訊的某些了解程度時，就產生了理解。例如，在知識層次上，學生也許可以畫出導致第二次世界大戰的時間線，但這不代表他們理解這些資訊。要達到理解層次，必須能夠說出這些事件何以導致第二次世界大戰。O'Tuel 和 Bullard（1993）指出，能把算式問題轉譯成文字問題的學生，也證明具備這個層次的能力。

　　與理解相關的動詞如下：

- 改寫

- 解釋
- 分組
- 總結
- 重述
- 報導
- 評述
- 描述
- 翻譯
- 舉例

應用

應用層次代表高階思考的起始。在這個層次，學生知道資訊（知識）、對其有些了解（理解），而且能把資訊用於首次習得的情境之外。

應用層次的動詞舉例如下：

- 計算
- 組織
- 分組
- 累積
- 運用
- 摘要
- 分類
- 建構
- 翻譯
- 改編（成劇）

- 舉例說明
- 概述
- 解決
- 應用
- 運作
- 利用

分析

在分析層次，學生能夠分解、分析、比較資訊，甚至加以分類。

O'Tuel 和 Bullard（1993）指出：「這種區辨差異的能力是閱讀的先備能力。」因此他們主張，學校要給幼稚園兒童分析事物異同的機會。在第二章中關於名詞和代名詞的組體是用於對比練習的實例之一，而幼稚園兒童可以利用圖畫替代文字來以完成這些組體練習。

屬於分析層次的動詞舉列如下：

- 拆解
- 填充
- 取出
- 結合
- 分化
- 分開
- 區隔
- 排序
- 區分
- 切分
- 連結

- 仿製
- 分析
- 計算
- 實驗
- 測試
- 比較
- 對照
- 圖解
- 辯論
- 提問
- 解決

綜合

綜合包含創造，因為在這個層次上，學生可以把資訊或物件分開，然後以不同的新方式合在一起。O'Tuel 和 Bullard（1993）主張，綜合「包括以有意義的關聯性來組織及安排，以及對這些關聯性做出推論。當學生在寫作文時，無論其文體為何，都是在根據其所知創造某種新的東西。」而綜合大多都依賴分析而來。

在綜合層次所採用的動詞舉例如下：

- 組成
- 增加
- 預測
- 翻譯
- 擴充
- 假設

- 設計
- 重造
- 重組
- 重分組
- 系統化
- 象徵
- 創造
- 公式化
- 修正
- 最小化
- 最大化
- 連結
- 設定
- 產生
- 計畫
- 組織
- 建構

我們如何幫助學生在學習上達到綜合的層次？所有學生在小學的某個階段之前都有創造力，之後他們的創造力似乎急轉直下。其原因也許是學生在升到某年級以後，我們必須教給他們的都是陳述性資訊。無論原因為何，還是有希望，因為創造力是可教的能力。

Alex Osborn（1963）以利用查核單幫助學生產生點子的構想而知名，Eberle（1971）把 Osborn 的查核單加以修改，提出了一項稱為奔馳法（SCAMPER）的技術。McIntosh 和 Meacham（1992）指出，這

項技術「為巧妙引導學生檢視問題、議題或物件，提供了有結構的方式。」

巧妙運用個人看法會產生新的創見。以下內容說明縮寫詞SCAMPER的意義。

S──替換（Substitute）。你如何替換某物以使其不同？例如，速食店已經把傳統三明治（漢堡）的牛肉替換成雞肉和魚肉以增加點菜單的多樣性。在創意寫作方面，我們可以把故事主角的觀點用其他角色的觀點來替換嗎？這會對故事造成什麼影響？

C──結合（Combine）。你如何結合相關要素以創造自己的產品？有些連鎖速食店把傳統的調醬（美乃滋、芥末醬、番茄醬等等）混合成兼具各種風味的「特製醬料」。在文學上，我們可以把最喜愛的各種浪漫英雄之特質組合成「理想的浪漫英雄」嗎？

A──調整、改造（Adapt）。你如何把某個產品應用到不同的情境？例如，對那些無法嚼食的人而言，速食店能否發明一種嚐起來像漢堡的飲料？我們能否把對於理想的浪漫英雄之想法應用到現實生活中？那些特質如今存在嗎？

M──修改、放大及縮小（Modify, Magnify, and Minify）。想法能否改變，以利針對目的而變得更大、更小或有所修改？漢堡店的菜單已經超大化，他們加入了迷你漢堡，以及透過增加菜色來修改菜單項目，例如在小圓麵包的部分加入烤吐司。針對數學的估測問題，教師可以把一罐裝滿一角錢的罐子帶到教室，然後要求學生想出估測罐中錢數的策略。接下來，再帶來一罐更大或更小、裝滿一角錢的罐子，以了解如果大小（形狀）改變的話，相同的估測理論是否依然正確。

P──其他用途（Put to other uses）。這些資訊或這個物件能否

用在其他事物上？我是否應該把展示用的漢堡塗上蟲膠？我如何把自己的估測理論用於其他情境？

E——減去（Eliminate）。哪些部分可以減去以使資訊有所不同？漢堡店已經減去許多東西來增加三明治的多樣性，例如，我們可以買到不加洋蔥的漢堡。正苦思獨立專題計畫之主題的某個學生，可能要減去一部分他所想到的東西，以使主題更小一點。正試著解決邏輯問題的某個學生，可能要劃線減掉一些外在資訊，以幫助他自己更快解決問題。

R——反轉（Reverse）。如果我從末尾開始倒回去做，會怎麼樣？有時在解決問題方面，把事物反轉是個好主意：從最後結果開始回溯，以判別在什麼地方出錯。在應用創造力時要問：「我如何挑一個平常的物件，然後加以反轉做出獨特的新東西？」例如，漢堡店供應沒有圓麵包的漢堡，或者中間另加圓麵包的漢堡。

評鑑

評鑑被視為最高的理解層次，因此它要求的是判斷能力。評鑑的例子之一是：「在研讀過染色體和移植的資訊之後，請討論你對於移植胚胎組織以挽救生命的道德議題之想法。」在小學階段，你可以問學生：「Judith Viorst 在〈耳環〉（*Earrings*）一詩中所提出的主張是否有效？請為你的決定辯護，並說明為什麼你認為那是有用或無用的主張。」

這個思考層次的所採用的動詞如下：

* 辯護
* 詮釋
* 證明

- 下結論
- 賞析
- 評分
- 評價
- 選擇
- 評量
- 評判
- 決定
- 辯論
- 提出辯護
- 評鑑

 ## 透過學習結果因材施教

我們藉著預期學生有不同複雜度的學習結果，來進行因材施教。在我的班級中，長期以來資優生都知道，他們隨便交出的作業都會比「其他學生」得到優良成績的作業更優異。但我知道這些資優生並未受到足夠的挑戰。在本校，我們透過對一般班級學生有更多的要求及達成這些要求，來改變整個情況。當我們這麼做時，資優生開始竭盡全力去勝過其他學生。這如何進行？我們做兩件重要的事：提高對學生的期望，以及預先提供能顯示期望學習結果的評分指標。

提高對學生的期望

首先，我們提高對所有學生的期望。在班級教學方面，我們訂出學生可以達到的最低學習層次，同時由學生決定最高層次。這表示，如果學生選擇資優程度的學習，而且能證明自己做得到的話，任何學

生都可以採取資優程度的學習。學生會針對他們將產生的學習結果訂立契約，表 4.1 即是一件可用於學生學習的契約舉例。

表 4.2 應用布魯姆的分類提出綜合學生方案學習計畫的通式。所用動詞是各方案難度和複雜度的關鍵，此通式包含視覺型、聽覺型和動覺型模式的不同學習結果，以及不同的複雜度。

提供評量矩陣（matrix）

對於引發學生學習動機，我們所做的第二件事是提供評分指標以具體告知學生，教師對完成的學習結果有什麼樣的期望。再者，你可以在評分指標的範圍內對資優生進行因材施教。表 4.3 乃顯示方案學習之思考層次的評分指標舉例。

大量創意思考

雖然有更多更多的高階思考策略可以包括進來，但此處只有一個經常與資優教育連結的策略必須涵蓋，那就是 Paul Torrance（1979）的大量創意思考。大量創意思考的要素包含流暢力、變通力、獨創力和精進力。雖然教導所有學生這些能力很重要，但同樣地，資優生需要更高層次的應用機會。

思考能力：流暢力（產生許多想法）。流暢力應該是教給所有學習者的極重要能力。就流暢力而言，其目的在盡量公開得到最多的點子。在學習過程的前面階段，我們要的不是品質而是數量。

腦力激盪是如何利用流暢力的舉例之一。就腦力激盪而言，設定進行的基本原則是個好點子。例如，我的基本原則是「不評斷」，我設定此原則是因為想要所有點子都被同時接受。我告訴學生，某人可能提出似乎瘋狂的點子，但它可能產生可行的點子。另外，我不讓學

表 4.1　研究方案的學習契約

主題：

我（們）如何選擇此主題：

初步研究的完成日期：＿＿＿＿＿＿＿＿＿。
提出報告初稿的日期：＿＿＿＿＿＿＿＿＿。
提出最後報告的日期：＿＿＿＿＿＿＿＿＿。
報告的形式：

小組成員（所有成員都必須簽名）：

教師批准日期：

以下是教師的檢核或評鑑項目。
完成初步研究的日期：＿＿＿＿＿＿＿＿＿。
完成報告初稿的日期：＿＿＿＿＿＿＿＿＿。
完成最後報告的日期：＿＿＿＿＿＿＿＿＿。
評語：

表 4.2　綜合方案學習計畫的通式

布魯姆分類的層次	主題	學習結果
知識		
● 標示	大腦的各部分	素描
● 列出	權利法案中的「自由」一節	圖表
● 找出	植物的各部分	模型
理解		
● 說明	如何做數學運算	給新生的一封信
● 摘要	導致希特勒失敗的原因	圖表組體
● 說明	大自然對浪漫時期的重要性	小論文
應用		
● 示範	殖民者每天所做工作	活動示範
● 建構	大腦的組成	模型
● 分類	特定文本的事實或小說資訊	教學演示
分析		
● 對比	《坎特伯利故事》（*The Canterbury Tales*）一書中的朝聖者故事和《歡樂單身派對》（*Cheers*）劇集中常提到的故事	比較、對照或圖解
● 圖解	取自創意的問題解決實例之資訊	
綜合		
● 預測	科技對未來的重要性	短篇故事
● 發明	幫助學生記憶字彙的方法	教導全班使用你的方法
評鑑		
● 評論	鐵達尼號的電報發送規定如何導致撞上冰山的悲劇	辯論

表 4.3 針對方案學習的應用層次評分指標

極佳	很好	優良	不佳
能利用從某個困難的新情境所習得的資訊	能利用從各種情境習得的資訊和能力	從利用從一般情境習得的資訊和能力	只能模仿所見所聞
清晰報告整個方案；回答所有問題	方案報告清楚，提問的問題很少	方案報告清楚，但有一些問題未回答	只是表面上的方案報告
利用各種方法（聽覺的、視覺的、動覺的）以傳達訊息；有一個以上展示創意的獨特方法	利用各種方法傳達訊息	利用有限的方法傳達訊息，或者太偏重某個模式而使得資訊不清楚	只限於一種方法
準時做報告並按照時間表交出各步驟成果。用心完成所有步驟	準時做報告並按照時間表交出各步驟成果	準時做報告並按照時間表交出大多數步驟之成果	延後做報告，並且有些或所有步驟的成果遲交

生擱置其他人的點子，因為這會造成後者下一次不參與腦力激盪。在我課堂上的另一個基本原則是，學生不得說出任何不該對有心臟病的 90 歲老婦人講的話（譯註：意指嚇唬的話）。

腦力激盪的一些基本原則如下：

- 想到什麼就說什麼——我們要的是數量。

- 不要擱置其他人的想法。

- 參考其他人的想法。

- 人人參與。

以下是在班級教學中利用流暢力的一些方法：

- 語文課：針對小學課程中 David McPhail 的作品《牙痛的熊》
  （*The Bear's Toothache*）一課，要求學生持續腦力激盪，想出
  去掉牙痛的方法。
- 數學課：針對估測一課，要求學生說出真實生活中使用估測的
  方式有哪些。
- 社會課：學生準備一張主題為「影響立法之方式」的心智圖。

思考能力：變通力（產生許多不同的想法）。 就變通力而言，學
生會從分類的角度檢視想法以產生各種想法。

例如，在流暢力方面，教師可以要求學生列出紅色的物品，而學
生可能會想到交通停止號誌、火力引擎或口紅之類的平常物品。為幫
助學生想到不同的概念，教師接著可以要求學生列出與交通、環境等
等有關的紅色物品。或者，教師可以要求學生把紅色的物品放在一
起，然後要求他們把概念加以分類。有時教師會利用 T 字圖（T-chart）
來幫助學生分類，圖 4.1 舉例說明如何用 T 字圖來教導這項能力。

反映變通力的活動包括：

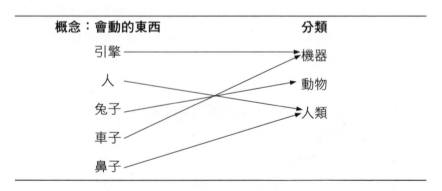

圖 4.1　變通力：利用分類

- 應用。
- 結合或改變。
- 減去。
- 修正、放大或縮小。
- 改用。
- 反轉或重組。
- 預測後果。
- 替代。

下列是在班級教學中應用變通力的一些方法：

- 語文課：要學生寫出新版的《灰姑娘》故事，此故事可以從繼母的觀點來說。
- 社會課：要求學生預測，如果美國人必須找出汽車以外的運輸方式，會怎麼樣。

思考能力：獨創力。獨創力涉及到學生創造自己的想法而非應用他人的想法。

能展示獨創力的活動包括：

- 發明做某件事的新方法。
- 設計或發明某事物。
- 發展做某件事的獨特程序。
- 提出「荒唐可笑」或不平凡的想法。
- 想像如何去做某件事。
- 發表對某件事物的個人想法。
- 建議多元的改進策略。
- 想出目前尚未有人想到的點子。

以下是在班級教學中應用獨創力的舉例：

- 科學課：要學生發明結合不同口味的無酒精飲料。
- 語文課：要學生發明幫助其他同學記憶字彙的方法。

思考能力：精進力。精進力涉及到增加更多的細節。缺乏精進力導致許多學生在論文測驗上表現不佳。

精進力的舉例如下：

- 把 X 加到 Y，使得 Y 更為……
- 加上。
- 擴充。
- 擴增。
- 擴大。
- 延伸。

 # 應用資優教育策略

針對想要在一般班級教學中實施資優教育策略的教師，表 4.4 提供了一套檢核表。雖然這些只是可被採用的一小部分策略，卻可以作為班級教學應用的初步階段。在應用檢核表時，如果該策略已經介紹給學生，請在欄中註記「I」；如果該策略被修正，請註記「R」；如果全班已經熟練該策略的程序，請註記「M」。

表 4.4 在一般班級教學中應用資優教育的行事曆

能力	9月	10月	11月	12月	1月	2月	3月	4月	5月
布魯姆的分類									
● 知識									
● 理解									
● 應用									
● 分析									
● 綜合									
● 評鑑									
大量創意思考									
● 流暢力									
● 變通力									
● 獨創力									
● 精進力									
● 評鑑——個人的									
● 評鑑——問題的									
獨立學習									
奔馳法									

字彙摘要

成就測驗（Achievement Test）

成就測驗旨在評量學童在學科領域方面的知識、能力和理解，其評量的是學生已知的知識。

評量（Assessment）

評量測驗被用來診斷學生的進步，以及幫助教師對於學生的學習做出有依據的決定。Tomlinson（1999）指出，在因材施教的班級中：「評量是持續的、有診斷性的，其目標在針對學生在特定概念和能力方面的準備度、興趣，以及所有學習成果，提供教師逐日的資料。」

高風險（At-Risk）

高風險學生比一般學生更可能學業失敗，或者因為學校沒有介入的策略而輟學。分辨高風險學生的其中一些標準包括低社會經濟地位、過去的學業失敗經驗、長期生病、濫用藥物或酒精，以及家庭環境明顯貧困。

聽覺障礙（Auditory Impairment）

聽覺障礙（AI）是指兒童的聽力問題會延緩或阻止他發展說話、語文或學業能力的一種障礙。

自閉症（Autism）

自閉症是一種病症，此病症使兒童罹患嚴重的語言障礙，也可能

表現怪異的行為、智力不正常，或者有人際互動上的障礙。

整套測驗（Battery of Tests）

對學生實施以判別其優缺點的一套測驗，稱為整套測驗。

布魯姆的分類（Bloom's Taxonomy）

這套分類法係由 Benjamin Bloom 所設計，它是一組學習的能力，包括知識、理解、應用、分析、綜合、評鑑等。由於這些能力都是分類表中的部分能力，因此各項能力均以前一項能力為基礎。

同意書（Consent）

在學童接受測驗或接受特殊教育計畫的安置之前，必須由父母或監護人針對這些將實施的服務提出書面的允許——同意書。

課程內容（Content）

課程內容是指學生在校要學習的知識和過程。

大量創意思考（Creative and Productive Thinking）

Paul Torrance（1979）所提出的大量創意思考，其要素包括流暢力（許多點子）、變通力（許多不同的點子）、獨創力和評鑑。

標準（Criteria）

標準是指教育目標是否被達成的評量依據，例如，正確拼讀單字的標準是十個字有九個字正確。

累積紀錄（Cumulative Record）

學童的所有受教紀錄被稱為他或她的累積紀錄。這些紀錄從學童入學開始，並且涵蓋就讀的每一所學校。其內容包括健康、就讀年級、到課率、成就測驗成績，以及特殊教育計畫（若有的話）。

課程壓縮（Curriculum Compacting）

壓縮課程的做法有時會用在資優學生的課程上，這種調整使學生以快過一般生班級之教學進度來學習。當學生在某項能力或某方面知識達到精熟時，就可無視其他學生的學習進度而進到下一階段的學習。

盲聾雙重障礙（Deaf/Blind）

同時符合視覺障礙和聽覺障礙標準的學生，會被歸類到盲聾雙重障礙。這兩種合併的障礙會造成表達能力以及其他發展上和教育上的問題，因此他們無法適應純粹只為盲生或聾生而設計的特殊教育計畫。

因材施教（Differentiation）

因材施教的班級教學會提供不同能力程度學生成功學習的機會，而學習上的分化係透過課程內容、學習過程和學習結果的不同安排。

應有程序（Due Process）

應有程序是指對個人權利或特權予以保障，使得政府或任何公立機構都無法剝奪。例如，政府針對你的子女採取任何行動之前都必須依法通知你，就是應有程序的一部分。

幼兒期（Early Childhood）

幼兒期被認為是從嬰兒到大約五、六歲之間的時期。在特殊教育準則之下，被認定有身心障礙的幼兒可以從三歲開始接受公立學校的教育。其他的幼兒期學校教育通常是針對大約三至五歲的兒童，其目的在幫助這些兒童增進語言習得能力和就讀幼稚園或一年級所需的先備能力，否則他們將會無從學起。這些教育課程也強調大肌肉和小肌肉的發展。例如，啟蒙計畫（Head Start）是聯邦支助、針對貧困兒童的幼兒教育計畫，旨在提供營養、健康及社會方面的照顧服務。

情緒障礙（Emotional Disturbance）

情緒障礙（ED）是身心障礙的一種分類，有這類障礙的兒童，其行為會妨礙與他人相處和學習的能力。

資優教育（Gifted Education）

透過分析資優教育需求的群組測驗認定資優生，而且其目的在滿足資優生特殊需求的教育計畫就稱作資優教育計畫。

監護人（Guardian）

監護人是對年幼者有法定代為決定權的人。父母是孩童的法定監護人，而年滿十八歲以上者除非由法院指定監護人，否則就不需要。

在家教育計畫（Homebound Program）

針對特殊教育的一種教學安排，這種由教師在醫院或學生家裡一週至少教導四個小時的教育方式就稱作居家教育計畫。

融合（Inclusion）

融合是一種教育理念，在此理念下，所有特殊兒童都只在一般的班級中接受教育。兒童需要的特殊服務會在一般的班級情境下提供給他們。

個別教育計畫（Individualized Education Plan）

個別教育計畫（IEP）是一種針對教育及相關服務而做的書面計畫，其內容包括教育或行為的目的及目標、學生能力、所需的特殊教育服務數量，以及針對一般教學所做的調整。學生在 IEP 的進步情形會每年檢討一次。

個別教育計畫委員會（Individualized Education Plan Committee）

IEP 委員會旨在針對某個兒童的特殊教育需要做出決定，此委員會決定該兒童是否有身心障礙、是否需要特殊教育計畫，以及是否要必要調整一般班級的教育。

智力商數（Intelligence Quotient）

智力商數（IQ）是一種反映兒童心智能力和認知發展的分數，「一般」人的 IQ 分數分布範圍在 90 到 110 分之間。

學習障礙（Learning Disability）

當智力在一般以上的兒童有學習障礙時，其學業成就方面會有重大問題（例如，基本閱讀、閱讀的理解、數學計算、數學推理、拼讀、聽講的理解、口頭表達或書面表達）。

限制最少的環境（Least Restrictive Environment）

營造限制最少的環境（LRE）能確保特殊兒童接受到非特殊兒童可能得到的最大程度教導。

回歸主流（Mainstream）

特殊兒童被安置於一般班級教學的所有情境之下，不給予定期的特殊教育，此即稱作回歸主流。

心智年齡（Mental Age）

兒童的心智能力和同生理年齡的兒童比較即可得出其心智年齡，例如，某個發展遲緩的兒童可能已 18 歲但其心智年齡是 4 歲。

智能障礙（Mental Retardation）

智能障礙（MR）是一種兒童智能顯著低於一般人的身心障礙，這些智能障礙者的智商低於 70。

模式（Modality）

此類模式是指我們偏好吸收資訊的方式。班級教學最常使用的三種模式是視覺型、動覺型和聽覺型。在大多數班級中大約有 87% 的學生偏好視覺型的學習（但教學往往最常用聽覺型方法來教學）。

多重障礙（Multiple Disability）

多重障礙是指兒童出現的合併型障礙會如預期般地持續存在，而且在下列能力方面的嚴重障礙有兩方面以上：心理動作技能、自我照顧能力、表達、社會及情緒發展，以及認知能力。

職業治療（Occupational Therapy）

職業治療（OT）是幫助兒童發展精細動作能力的相關服務，職業治療師也可以建議使用某些工具來幫助兒童的日常活動。

肢體障礙（Orthopedic Impairment）

肢體障礙（OI）是一種身心障礙的分類，係針對兒童在骨骼、關節或肌肉方面有影響動作能力的肢體問題。

身體病弱（Other Health Impairment）

身體病弱（OHI）是一種身心障礙的分類，係針對有限制其力量、靈活度或可變性等嚴重健康問題的兒童。這些嚴重的健康問題可能是心臟病、痙攣疾病（seizure disorders）、癌症、呼吸疾病等等。

物理治療（Physical Therapy）

物理治療（PT）是針對有動作技能（大肌肉和小肌肉）障礙的兒童所提供的相關服務。

過程（Process）

學生理解學習內容的方式稱作過程。

結果（Product）

結果是指學生最後得到的知識和能力，這是學生所產生的學習效果證明。

第 94-142 號公共法（Public Law 94-142）

第 94-142 號公共法是美國國會通過的立法，旨在確保所有特殊兒童都能得到免費的適合教育。

增強（Reinforcement）

當學童成功完成一項學習任務之後，給他讚美或其他的回饋（例如食物或玩具）就稱作增強。

相關的服務（Related Service）

相關的服務是指，學童如果在學習上需要特定的幫助或支持時，他可以得到的特定教育計畫。

自足式班級（Self-Contained Classroom）

為某種教學的安排，此種安排使學生從一位特教教師獲得日常教學的重要指導，此即稱作自給自足式班級。

特殊教育（Special Education）

特殊教育係指超出或不同於一般班級學生所接受的教育服務，其目的在幫助有特殊需要的學生能成功學習。

語言治療（Speech and Language Therapy）

語言治療包含在說話流利（結巴）、聲調，或表達性和接受性語言能力等方面的評估及教學。

語言障礙（Speech Impairment）

語言障礙（SI）是針對兒童在表達性或接受性語言方面有問題，

或者在發聲或流利說話方面有障礙的一種身心障礙分類。

代理父母（Surrogate Parent）

接受特殊教育的學童其父母親職權被中止或父母不詳時，社福機構就會指派代理父母給他。代理父母在所有事務上所行使的親權和原生父母一樣。

腦傷（Traumatic Brain Injury）

腦傷（TBI）是身心障礙兒童的分類之一，係針對曾受過外力造成之腦部傷害而言。

視覺障礙（Visual Impairment）

視覺障礙（VI）是針對處理視覺資訊有困難之兒童的一種身心障礙分類。半盲的兒童經矯正後有 20/60 視力敏銳度，並且可以讀出印刷字體。眼盲的定義則是經矯正後核心視力（central vision）是 20/200，或者視域視力（field vision；邊視力）不超過 20 度。

與特殊學生有關的縮寫詞

ADA	Americans with Disabilities Act	美國身心障礙人士法
ADD	Attention Deficit Disorder	注意力不足症
ADHD	Attention Deficit with Hyperactivity Disorder	注意力不足過動症
AI	Auditory impairment	聽覺障礙
APE	Adapted physical education	適性體育
ARD	Admission, review, and dismissal committee ARD	委員會；鑑定與安置委員會
AT	Assistive technology	輔具

AU	Autism　自閉症
CFR	Code of Federal Regulation　聯邦法規
CIA	Comprehensive individual assessment　個人綜合評量
DB	Deaf/blind　盲聾雙重障礙
DSM-IV	*Diagnostic and Statistical Manual of Mental Disorders*　心理疾病診斷及統計手冊
EC	Early childhood　幼兒期
ECI	Early childhood intervention　早期介入方案
ED	Emotional disturbance　情緒障礙
EHA	Education for the Handicapped Act　殘障人士教育法
ESL	English as a second language　以英語為第二語
FAPE	Free and appropriate public education　免費而合適的
FERPA	Family Educational Rights and Privacy Act　家庭教育權及隱私法
FVE	Functional vision evaluation　功能性視力評估
GT	Gifted and talented（also TAG, talented and gifted）　資優
HB	Homebound program　在家教育計畫
HI	Hearing impaired　聽覺障礙
HLS	Home language survey　母語調查
ICF-MR	Intermediate care facility for the mentally retarded　智能障礙者的中繼照顧設施
IDEA	Individuals with Disabilities Education Act　特殊教育法
IEE	Individual educational evaluation　個別教育評量
IEP	Individualized educational plan　個別教育計畫
IQ	Intelligence quotient　智力商數（智商）
LD	Learning disability　學習障礙
LEP	Limited English proficiency　英語程度有限
LPAC	Language proficiency assessment committee　語言程度評量委員會
LRE	Least restrictive environment　限制最少的環境
MD	Multiple disabilities　多重障礙

MR	Mental retardation	智能障礙
OCR	Office of Civil Rights	民權事務辦公室
OI	Orthopedic impairment	肢體障礙
OHI	Other health impairment	身體病弱
OT	Occupational therapy（also occupational therapist）	職業治療
PT	Physical therapy（also physical therapist）	物理治療
SI	Speech impairment	語言障礙
TBI	Traumatic brain injury	腦傷
VI	Visual impairment	視覺障礙

字 彙 後 測

　　本書一開始已提供字彙表及字彙的前測,以下是字彙後測的題目及答案。請於閱讀完題目後選出答案,正確答案可能不止一個。

1. Martin Phillips 是 ABC 中學的新教師。他最近在教師休息室聽到某位教師提到自己正在參加某個 LD 學生的 IEP 會議。他很快地退出休息室,然後找出自己在特殊學生方面的書以查閱這些術語。下列何者是他可能查到的詞彙定義?

   A. IEP 會議是一種判定學生社會經濟地位的會議

   B. IEP 會議是一種為受特殊教育之學生決定最佳教育方法的會議

   C. IEP 會議通常會達成某個 IEP

   D. 只有特教教師才會參加 IEP 會議

2. 當 Martin Phillips 在閱讀時,他發現下列正確的資訊是:

   A. LD 學生和《中小學教育法》第一章(Title I)法條所涵蓋的學生並無差別

   B. LD 學生受到《第 94-142 號公共法》的保障

   C. LD 學生需要診斷式和處方式的回饋

   D. LD 學生通常也有 ADD(注意力不足症)

3. 被認定為資優的學生……

   A. 通常不需要輔導就有良好表現

   B. 可以接受壓縮的課程

   C. 可以給予額外的學習

   D. 需要和他人共同學習的機會

4. 被認定為 LD 的學生……

A. 其 IQ 和學業成就相當

B. IQ 在平均值以上

C. 基本能力有問題

D. IQ 分數低

5. 《第 94-142 號公共法》……

A. 是為了資優學生而訂定

B. 是為了身心障礙的學生而訂定

C. 確保對特殊學生的照顧

D. 確保對資優學生的分隔教育計畫

6. 為了特殊教育的安置，沒有父母的孤兒會被指派……

A. 監護人

B. 代表他們的特殊教育者

C. 代理父母

D. 代表他們的校長或教師

7. Felipe 是接受特殊教育的中學生，他的所有班級教師已經收到為他設計的 IEP 計畫。在最小程度上，Felipe 可以有哪些期望？

A. 他的父母在 IEP 計畫交給教師之前即簽署同意

B. 教導他的所有教師都會參與 IEP

C. 教導他的所有教師都會嚴格遵守計畫準則

D. 每隔三年他的教育目標都會被檢討一遍

8. Martina 只會說簡單的英語，並且正在參與某個幫助她在校成功學習的計畫。我們可以指望該計畫為 Martina 做哪些事情？

A. 她接受 LPAC 的幫助

B. 她參與 LEP 計畫

C. 她接受特殊教育

D. 學校的所有師長都受過教導 Martina 的訓練

9. 視覺障礙的界定是……

A. 矯正後的視力值是 20/60

B. 矯正後的視力值是 20/80

C. 矯正後的視力值是 20/100

D. 矯正後的視力值是 20/200

10. 課堂中因材施教的達成是透過……

A. 課程內容

B. 教學過程

C. 壓縮課程

D. 教學結果

11. 下列哪些標準被用來認定高風險的學生？

A. 他們是英語的學習者

B. 他們的社會經濟地位低落

C. 他們之前有過基本能力落後的經驗

D. 族群身分

12. ADD 學生有下列哪些典型的特徵？

A. 愛現

B. 退縮

C. 霸道

D. 不專心

13. ADHD 學生有下列哪些典型的特徵？

A. 霸道

B. 愛現

C. 沒朋友

D. 退縮

14. 最常在學校中發現的教學模式是……

A. 多元模式

B. 聽覺的

C. 視覺的

D. 動覺的

15. 第二外語的教學對象包括……

A. ELL 學生

B. ESL 學生

C. LEP 學生

D. 偶爾註冊上課的學生

16. IDEA 是……

A. 資優生的課程

B. 課後輔導的課程

C. 聯邦政府的法令

D. LEP 學生的課程

17. IEP 是……

A. 課後輔導的課程

B. 因材施教的課程

C. 資優學生的課程

D. 為《復健法》第 504 節所包含學生提供的課程

18. 《復健法》第 504 節……

A. 為特教學生提供服務

B. 為資優學生提供服務

C. 為特殊教育範疇以外的學生提供服務

D. 為所有學生提供服務

19. ADHD 之類特殊障礙的定義源自⋯⋯

A.《中小學教育法》第一章

B. 適性體育（APE）

C.《心理疾病診斷手冊》（第四版）（DSM-IV）

D.《家庭教育及隱私法》（FERPA）

20.《有教無類法》不同於之前的法令，因為它要求⋯⋯

A. 經費使用有更大的彈性

B. 教學技術有強力的研究基礎

C. 更多的績效責任

D. 父母有更多的選擇

字彙後測答案

1. B、C
2. B、C
3. B、D
4. B、C
5. B、C
6. C
7. A、B、C

8. A、B
9. D
10. A、B、C、D
11. A、B、C
12. B、D
13. A、B、C
14. C

15. A、B、C、D
16. C
17. B
18. C
19. C
20. A、B、C、D

參考文獻

Amen, D. G. (1995). *Windows into the ADD mind: Understanding and treating attention deficit disorders in the everyday lives of children, adolescents, and adults.* Fairfield, CA: Mind Works.

Armstrong, T. (1999). *ADD/ADHD alternatives in the classroom.* Alexandria, VA: Association for Supervision and Curriculum Development.

Bloom, B. S. (1956). *Taxonomy of educational objectives, handbook I: Cognitive domain.* New York: McKay.

Eberle, R. (1971). *SCAMPER: Games for imagination development.* Buffalo, NY: D.O.K.

Ehly, S. (1986). *Peer tutoring: A guide for school psychologists.* Washington, DC: National Association of School Psychologists.

Given, B. K. (2002). *Teaching to the brain's natural learning systems.* Alexandria, VA: Association for Supervision and Curriculum Development.

Guenther, R. K. (1998). *Human cognition.* Englewood Cliffs, NJ: Prentice Hall.

Hessemer, S. J. (1986). The effect of computer-assisted instruction on motivation and achievement in fourth grade mathematics. *Dissertation Abstracts International, 47*(10A), 3705. (University Microfilms No. 8703277.)

Jensen, E. (1997). *Completing the puzzle: The brain-compatible approach to learning* (2nd ed.). Del Mar, CA: The Brain Store.

Jensen, E. (1998). *Introduction to brain-compatible learning.* Del Mar, CA: The Brain Store.

Joos, M. (1967). *The five clocks.* New York: Harcourt.

Kestner, M. K. (1989). A comparative study involving the administration of computer-managed instruction in a remedial mathematics program. *Dissertation Abstracts International, 51*(03A), 0774.

LeDoux, J. (1996). *The emotional brain: The mysterious underpinnings of emotional life.* New York: Simon & Schuster.

Marzano, R. J. (1998). *A theory-based meta-analysis of research on instruction.* Aurora, CO: Mid-continent Regional Educational Laboratory.

Marzano, R. J., Pickering, D. J., & Pollock, J. E. (2001). *Classroom instruction that works*. Alexandria, VA: Association for Supervision and Curriculum Development.

McIntosh, J., & Meacham, A. (1992). *Creative problem solving in the classroom: The educator's handbook for teaching effective problem solving skills*. Waco, TX: Prufrock.

Mid-continent Regional Educational Laboratory. (2002). *Helping at-risk students meet standards: A synthesis of evidence-based classroom practices*. Aurora, CO: Author.

National Institute of Mental Health. (2000). *Depression in children and adolescents* (NIMH Publication No. 004744). Bethesda, MD: Author. Retrieved June 6, 2003, from http://www.nimh.nih.gov/publicat/depchildresfact.cfm.

Osborn, A. (1963). *Applied imagination*. New York: Scribner.

O'Tuel, F. S., & Bullard, R. K. (1993). *Developing higher order thinking in the content areas K-12*. Pacific Grove, CA: Critical Thinking Press.

Payne, R. K. (2001). *A framework for understanding poverty*. Highlands, TX: Aha! Process Inc.

Sousa, D. (2001). *How the special needs brain learns*. Thousand Oaks, CA: Corwin Press.

Sprenger, M. (1999). *Learning and memory: The brain in action*. Alexandria, VA: Association for Supervision and Curriculum Development.

Sprenger, M. (2002). *Becoming a wiz at brain-based teaching: How to make every year your best year*. Thousand Oaks, CA: Corwin Press.

Tileston, D. W. (2000). *Ten best teaching practices: How brain research, learning styles, and standards define teaching Competencies*. Thousand Oaks, CA: Corwin Press.

Tileston, D. W. (2004a). *What every teacher should know about effective teaching strategies*. Thousand Oaks, CA: Corwin Press.

Tileston, D. W. (2004b). *What every teacher should know about instructional planning*. Thousand Oaks, CA: Corwin Press.

Tomlinson, C. A. (1999). *The differentiated classroom: Responding to the needs of all learners*. Alexandria, VA: Association for Supervision and Curriculum Development.

U.S. Department of Education. (2002). *No child left behind: A desktop reference*. Washington, DC. Author.

Whistler, N., & Williams, J. (1990). *Literature and cooperative learning: Pathway to literacy.* Sacramento, CA: Literature Co-op.

Wiggins, G., & McTighe, J. (1998). *Understanding by design.* Alexandria, VA: Association for Supervision and Curriculum Development.

國家圖書館出版品預行編目（CIP）資料

所有教師都應該知道的事——特殊學生／
Donna Walker Tileston 著；賴麗珍譯.
-- 初版. -- 臺北市：心理，2011.08
　　面；　公分. --（教育現場系列；41144）
譯自：What every teacher should know about
　　　special learners
ISBN 978-986-191-449-7（平裝）

1. 特殊教育　2. 特殊兒童教育　3. 手冊　4. 美國

529.5026　　　　　　　　　　　　100011041

教育現場系列 41144

所有教師都應該知道的事——特殊學生

作　　者：Donna Walker Tileston
譯　　者：賴麗珍
執行編輯：高碧嶸
總　編　輯：林敬堯
發　行　人：洪有義
出　版　者：心理出版社股份有限公司
地　　址：台北市大安區和平東路一段 180 號 7 樓
電　　話：(02) 23671490
傳　　真：(02) 23671457
郵撥帳號：19293172 心理出版社股份有限公司
網　　址：http://www.psy.com.tw
電子信箱：psychoco@ms15.hinet.net
駐美代表：Lisa Wu（Tel: 973 546-5845）
排　版　者：辰皓國際出版製作有限公司
印　刷　者：昕皇企業有限公司
初版一刷：2011 年 8 月
初版二刷：2014 年 9 月
I S B N：978-986-191-449-7
定　　價：新台幣 130 元